요즘 부부를 위한
신디의 관계 수업

이 책은 《어쨌거나 잘살고 싶다면 신디의 결혼 수업》 개정판입니다.

요즘 부부를 위한 신디의 관계 수업

신동인(신디) 지음

더 퀘스트

개정판을 내며

2019년 4월에 《어쨌거나 잘 살고 싶다면 신디의 결혼 수업》 초판이 출간되고 2년 반이라는 시간이 흘렀습니다. 《신디의 결혼 수업》은 부부 관계도 스터디가 필요하다는 새로운 패러다임을 만들어가며 그간 꾸준히 넘치는 사랑을 받아왔고, 독자분들의 성원 덕분에 이렇게 개정판이 세상에 나오게 되었습니다.

초판이 출간된 이후 가장 뿌듯했던 순간을 꼽으라면 단연코 책을 통해 관계가 회복되었다는 분들의 소식을 들을 때입니다. 특히 부부 상담을 받아도 효과가 없어 좌절에 빠져 있거나 어떻게 살아가야 할지 막막했던 분들이 책을 통해 문제의 원인을 알게 되고, 살아갈 희망을 얻었다는 이야기를 들을 때면 형언할 수 없는 뭉클함이 가슴 깊은 곳에서부터 올라옵니다. 우리 각자가 가진 회복의 힘이 얼마나 큰지 다시금 깨닫게 되고, 그 힘을 발견하는 데 작은 보탬이 되었다는 사실이 더할 나위 없이 기쁩니다.

하지만 여전히 안타까운 순간들이 많았습니다. 부부간 상처가 깊거나 개인적인 트라우마가 있다면 책을 읽거나 스스로 노력해보는 것만으로는 문제를 해결하는 데 한계가 있는 경우가 존재했기 때문입니다. 부부 문제를 그저 지극히 개인적인 이슈로 치부하고 꺼내 놓기 어려워하는 폐쇄적인 부부 문화의 현실 역시 안타까웠습니다. 여전히 혼란 속에서 결혼 생활을 이어가는 많은 부부들을 어떻게 하면 근본적으로 도울 수 있을까 고민하고 또 고민했습니다.

그래서 두 번째 책을 내거나, 학문적인 연구를 깊게 하는 것보다 실질적인 도움을 주는 뭔가를 만들어야겠다고 생각했습니다. 그렇게 현실적으로 사회적 문제를 해결하는 방법을 찾다 보니 어느덧 스타트업 필드를 서성거리고 있는 제 자신을 발견할 수 있었습니다. 직장생활을 했던 14년간 사업을 해야겠다는 생각은 단 한 적은 한 번도 없었지만 이 문제를 지속적으로 풀어가기 위해서는 콘텐츠와 함께 양질의 서비스, 그리고 서로 위로하며 지지해줄 커뮤니티가 통합적으로 필요하다고 판단했습니다. 그리고 책을 출간한 지 정확히 1년 뒤, 안정적인 직장을 그만두고 소셜벤처 사업가로서 한 치 앞도 알 수 없는 새로운 도전을 시작하게 되었습니다. 그렇게 요즘 부부 고민 해결 플랫폼 '신디'가 세상에 나오게 되었습니다.

결혼은 길고 긴 여정입니다. 희노애락이 깃들어 있는 이 쉽지않은 여정을 어떻게 해야 보다 의미 있고 건강하게 만들어갈 수 있을까요? 여정을 함께 할 가이드가 있어야겠지요. 이 책이 저에게는 여정을 함께 하는 가이드입니다. 공부를 하면서 가장 필요하다고 생각하는 것, 두고두고 보고 싶은 내용, 반복해서 봐야 하는 내용들을 추려 넣었습니다. 그리고 남편과의 갈등에 마음이 힘든 날에는 저 역시 이 책을 다시 펼쳐 들곤 합니다. 마음 가는 구절에 잠시 멈춰서 호흡을 가다듬고 의식적인 나의 상태로 돌아오는 연습을 하지요. 그래서 읽을 때마다 매번 새로운 인사이트를 얻고는 합니다. 이 책이 여러분에게도 결혼이라는 쉽지 않은 여정을 함께 하는 가이드가 되기를 바랍니다.

살다 보면 책이 손에 잡히지 않을 만큼 마음이 힘든 날도 있을 거예요. '혼자 아무리 노력해도 소용 없잖아'라며 절망에 빠지는 순간도 있을 겁니다. 그럴 땐 나 혼자만 그런 생각을 하는 것이 아니라는 것, 그리고 그 역시도 성장의 한 과정이라는 것을 기억하고 신디라는 공간에서 다시 시작할 힘을 충전해가셨으면 좋겠습니다. '힘들 때 찾아가 위로받을 수 있는 든든한 안식처이자 앞을 향해 나아갈 힘을 충천하는 안전기지' 그것이 신디가 존재하는 이유니까요.

삶에서 가장 큰 영향을 미치는 관계를 하나 꼽으라면 '부모와의 관계'일 것입니다. 하지만 부모는 내가 선택할 수 없지요. 그렇다면 내가 선택할 수 있는 관계 중 가장 중요한 관계는 무엇일까요? 하나를 꼽으라는 저는 주저 없이 부부 관계라고 말합니다. 첫째, 가장 많은 시간을 함께하며 개인의 삶의 질에 가장 큰 영향을 미치는 존재이기 때문입니다. 둘째, 부부 관계는 수많은 이전 세대들의 종착점이자, 다음 세대를 잇는 브릿지이며, 정서적 빈곤의 대물림을 끊고 밝은 세상을 만들어 갈 희망이 존재하는 관계이기 때문입니다. 포기해버리기엔 너무나 소중한 관계이지요.

사는 것은 쉽지 않지만 부부 관계 하나만 튼튼해도 살아갈 힘이 생깁니다. 하지만 소중한 것은 원래 쉽게 얻어지는 법이 없지요. 결혼이라는 여정 역시 결코 쉽지 않습니다. 행복한 순간보다 힘들고 지난한 순간이 더 많을 수도 있어요. 결혼을 행복의 프레임에서 벗어나 성장의 프레임으로 봐야 하는 이유입니다. 관계의 어려움 속에서 부부가 과거의 상처를 마주할 때 비로소 가장 나다운 모습으로 앞을 향해 나아 갈 수 있다는 사실을 기억하셨으면 합니다.

안타까운 가정의 소식들을 뉴스를 통해 접할 때면 마음이 아픕니다. 그러나 모든 부부의 스토리가 비극으로 끝나지 않는 까닭은 힘든 시기에도 미래에 대한 희망을 품고 역경을 극복하며 성장을 향한 여행을 멈추지 않는 이들이 있기 때문입니다. 세상을 더 나은 곳으로 만드는 사람들, 바로 이 책을 읽고 있는 여러분입니다. 이제 결혼이라는 길고도 어려운 여정이 시작되었습니다. 이 책을 통해 여러분들의 관계가 상처 입은 과거가 아닌 건강한 미래로 향하기를 진심으로 바랍니다.

이 책이 나오기까지 감사한 분들이 참 많습니다. 먼저 웹상에 존재했던 이 콘텐츠가 세상에 책으로 나올 수 있도록 해주신 담당 편집자 허윤정 부장님과 도움 주신 모든 출판사 분들에게 감사드립니다. 또한 부부 문제로 힘들어하는 사람들을 돕겠다는 뜻 하나만 보고 어려운 길을 함께 하며 신디를 만들어가고 있는 우성 님, 예은 님, 수미 님, 정란 님, 커피콩 님에게도 뜨거운 감사를 전합니다. 아무것도 없던 신디를 믿고 든든하게 지원해주시는 한국정서중심치료센터 박성덕 센터장님, 가족가족상담협회 윤선자 협회장님, 서울수용과전념치료연구소 이선영 소장님, 이소영, 손성희, 진복희, 유정민, 문성일, 김수진 선생님에도 진심으로 감사드립니다. 함께해준 팀원들과 선생님들이 있었기에 신디에서 많은 부부들이 치유되고 살아갈 힘을 얻고 있습니다. 감사함을 잊지 않고 신디를 더 나은 공간으로 만들어가겠습니다.

　언제나 든든한 안식처가 되어주는 친구들, 바다와 같은 사랑으로 품어 주시는 부모님, 바쁘다는 핑계로 늘 정신 없이 사는 며느리를 이해해주시고 항상 먼저 챙겨주시는 시부모님과 가족들에게도 깊은 감사를 전합니다. 끝으로 바로 곁에서 묵묵히 힘든 길을 함께 해주고 있는 사랑하는 남편과 딸에게 깊은 사랑을 전하며 이 책을 바칩니다.

신동인(신디) 드림

프롤로그

"반드시 불행해지고 말 거야!"

이런 생각으로 결혼하는 사람 있을까요? 누구나 행복을 꿈꾸며 결혼합니다. 그러나 모두 행복해지는 건 아니라는 슬픈 현실. 결혼을 했거나 언젠가 할 예정이라면 갈 길은 결국 네 갈래로 나뉩니다.

1. 행복하게 잘 살거나
2. 그냥저냥 살거나
3. 원수처럼 살거나
4. 이혼하거나

여러분은 지금 어떤 부부로 살아가고 계신가요? 미래에 어떤 부부로 살고 싶으신가요?

"넌 결혼하지 말고 자유롭게 살아. 하고 싶은 거 다 하면서."

"결혼하면 다 그렇지 뭐……."

많은 부부가 혼란스러운 결혼생활을 현실이라는 이름으로 합리화하며 서로를 포기한 채 살아갑니다. 옆에서 그것을 보고 들은 미혼자들은 결혼을 주저하고요. 성욕보다 중요한 인간의 가장 원초적

본능, 친밀감의 욕구를 누르고 살 만큼 혼자가 더 편하다는 사람들이 늘고 있는 겁니다. 인간은 혼자 살도록 만들어진 존재가 아닌데 말이죠. 대체 어디서부터 잘못된 것일까요?

저는 감히 우리가 결혼을 공부하지 않는 데서 문제가 시작되었다고 봅니다. 결혼의 패러다임이 변했고, 가정의 기능 역시 변했고, 성인의 사랑에 대해서도 과학적인 새로운 이해가 생기기 시작했지만 우리는 결혼에 대해 결코 공부해본 적이 없지요. 비상식적입니다. 노력하지 않고 결혼해서 행복하길 바라는 것은, 공부를 전혀 안 하고 명문대에 가길 바라는 것과 다름없으니까요. 부부관계에 대해 공부하지 않고 결혼생활을 시작하는 것은 가로등이 꺼진 어두컴컴한 밤길을 손전등 하나 없이 걷는 것과 같습니다. 뭘 좀 아는 커플만이 어두운 밤길을 빠져나와 따뜻하고 밝은 세계를 맛볼 수 있죠.

저 역시 그런 비상식적인 사람 중 하나였습니다. 반짝거리던 연애의 순간이 있었기에, 서로에 대한 확신이 있었기에 꿈꿔오던 완벽한 결혼을 했다고 생각했기에 결혼 한 지 2년 만에 바닥에 엎드려 절규하는 신세가 될 줄은 꿈에도 몰랐지요. 고통의 시간조차 함께라면 괜찮을 줄 알았던 기적 같던 인연은 곧 고통 그 자체가 되었고, 영원할 것 같던 사랑의 힘은 급속도로 빛을 잃어갔습니다. 어디서부터 무엇이 잘못된 건지조차 알 수 없었죠. 싸우는 날이 늘어나면서 집 안에는 냉기가 가득 흘렀습니다.

'이대로는 못 살겠다.' 숨이 턱 하고 막혀오고서야 결혼과 부부관계를 공부하기 시작했습니다. 살기 위해 한 공부였습니다. 그러고는 알게 되었죠. 제 안에서 상처받은 어린아이가 울고 있었고, 저는 내면의 아이를 감싸안아줄 누군가를 찾아 헤매는 중이었습니다. 상대는 자신이 가진 상처의 깊이조차 가늠하지 못한 채 방황하고 있었지요. 그런 둘이 만났습니다. 우리는 꽤 많은 것을 가지고 있었지만 결국 한 발짝도 앞으로 나아갈 수 없었습니다. 이 책에 담긴 많은 것들을 깨닫기 전까지는요.

사랑을 위해 결혼했지만 여전히 사랑에 목말라 있는 현대인들에게 결혼이란 과연 어떤 의미일까요? 일부일처제는 과연 신화일 뿐일까요? 이미 결혼해버린 사람들의 행복은 대체 어디에서 찾아야 할까요? 이 책에서는 부부간의 사랑이 어떻게 유지될 수 있는지, 피할 수 없는 갈등으로부터 벗어나는 방법은 무엇인지, 갈등에도 불구하고 삶을 가꿔나간다는 것은 무엇인지, 결혼을 잘하기 위해 필요한 조건은 무엇인지, 결혼과 이혼을 하기 전에 점검해봐야 하는 것들은 무엇인지, 결혼생활의 시작부터 끝까지 필요한 과학적이고 실제적인 고급 지식들을 총망라해 알기 쉽게 정리했습니다.

현재 부부치료에서 주로 사용되는 세 가지 이론(정서중심 부부치료, 이마고 이론, 가트맨 방식)을 종합하여 '고리, 애착, 정서, 상처, 소통'의 다섯 가지 주제로 묶은 후 다양한 예시를 통해 전문적인 내용을 알기 쉽게 풀어두었습니다.

배우자에 대해 얼마나 알고 계신가요? 혹시 잘 모르는 사람과 사는 것 같은 기분을 느낀 적은 없나요? 이 책에는 부부가 서로의 마음을 확인해볼 수 있는 체크 리스트들이 담겨 있습니다. 따라서 책을 읽는 가장 좋은 방법은 부부가 함께 읽으며 서로의 체크 리스트를 채워서 교환해보거나 한쪽이 먼저 읽고 체크 리스트를 채운

후 상대방에게 선물하는 것입니다. '저 인간의 속은 제가 뼛속까지 다 안다고요'라며 상대를 잘 안다고 생각하는 경우도 실은 여전히 알지 못하는 부분이 많을 수 있습니다. 그러니 책과 함께 스스로에 대해 그리고 배우자에 대해 공부해보세요.

상처 없는 사람 없고, 갈등 없는 부부 없습니다. 상처와 불화야말로 결혼의 필수품이죠. 혼수나 예단은 생략할 수 있지만 상처와 불화는 생략할 수 없어요. 반드시 따라오게 되어 있습니다. 결혼은 부부가 작은 배를 타고 망망대해 위에 떠 있는 것과 같습니다. 크루즈 여행까진 아니더라도 편안하게 경치 정도는 구경할 수 있을 거라 기대했지만 현실은 힘들게 노를 저어야 한다는 것. 결혼은 그런 겁니다. 둘이 힘을 합쳐 같은 방향으로 노를 저어야 생존할 수 있죠. 물론 싫다면 배에서 뛰어내릴 수도 있습니다. 그러나 드넓은 바다를 혼자 헤엄쳐야 살 수 있습니다. 용기만으로 되는 일이 아니지요.

이미 출발해버린 배 안에서 이러지도 저러지도 못한 채 배우자를 원망하는 부부를 많이 봅니다. 그렇게 원망하긴 쉽지만 그런다고 해서 정작 해결되는 건 아무것도 없습니다. 분노와 괴로움, 두려움과 원망을 호기심으로 바꾸는 일은 어려운 일임에 틀림없습니다. 이제 자신이 가진 성장의 힘을 믿으세요. '왜지? 대체 왜 이렇게까지 됐을까? 왜 힘든 거지?'라며 원망 대신 호기심의 눈으로 상황을 바라볼 때 지금 겪는 경험들이 고통이 아닌 성장의 밑거름으로 바뀔 것입니다. 더 나은 삶을 찾는 길잡이가 되어줄 것입니다.

이 책은 이러한 호기심을 풀어줄 만한 지식들로 가득합니다. 특히 인생의 동반자를 찾아 방황하고 있거나 갈등으로 인해 고통받고 있는 분들에게 한 줄기 희망이 될 수 있는 지식들을 담고자 노력했습니다. 물론 한 권의 책이 여러분의 복잡하고 다양한 문제를 마법처럼 해결해줄 수는 없겠지요. 그런 마법은 사실 어디에도 없습니다. 그래서 이 책의 목표는 문제의 해결solving이 아니라 문제를 해결할 힘을 키우는 것empowering입니다. 스스로를 되돌아보고 더 좋은 관계를 위해 앞으로 어떤 노력을 해야 하는지 생각해보는 계기가 생긴 그 순간이 바로 변화의 시작일 테니까요. 그 변화의 시작에 이 책이 든든한 친구가 되기를 바랍니다.

나만 힘든 게 아니라는 것, 얼마든지 좋아질 수 있다는 것, 설령 좋아지지 않는다 하더라도 나는 내 인생을 아름답게 가꿔나갈 수 있다는 사실을 기억하세요. 여러분의 삶에 따뜻한 햇살이 비추기 바라며 건강한 사랑을 꿈꾸는 모든 이에게 이 책을 바칩니다.

신동인(신디) 드림

차례

개정판을 내며　004
프롤로그　009

결혼, 이것만은 알고 살자

1장 ─ 결혼을 공부해야 하는 다섯 가지 이유　019

　첫 번째 이유, 결혼의 개념이 바뀌었다
　두 번째 이유, 관계는 삶의 행복을 결정한다
　세 번째 이유, 배우자는 생존을 위해 매우 중요한 대상이다
　네 번째 이유, 내 아이의 인생이 달려 있다
　다섯 번째 이유, 갈등은 해결이 아닌 관리의 문제다

2장 ─ 스마트한 시작을 위해 필요한 것들　039

　건강한 관계를 만드는 세 가지 조건
　좋은 관계를 유지하는 세 가지 기술
　서로에 대해 어디까지 알고 있나요?
　아무짝에도 쓸모없는 결혼에 대한 환상 걷어내기
　부부가 함께 겪는 다섯 단계의 인생 주기

3장 ─ 행복한 부부의 조건, 정서적 독립　069

　진짜 어른이 된다는 건
　정서적 독립의 두 가지 조건
　부모의 불안은 고스란히 아이에게 전달된다
　정서적 독립을 한 사람의 특징
　그래서 정서적 독립을 어떻게 하는 건데요?

관계, 결혼 후에 다시 배우다

4장 — **반복되는 갈등에서 벗어나는 법**   091

    모든 부부가 빠지는 세 가지 불화의 고리
    갈등의 패턴을 알면 해결이 쉬워진다
    아무리 싸워도 좋은 관계를 유지하는 부부들의 비밀
    부부의 관계를 망치는 진짜 적은 따로 있다
    불화의 고리를 벗어나게 해주는 세 가지 힘

5장 — **부부관계의 핵심, 정서 다루는 법**   119

    불화를 극복하는 놀라운 비밀
    정서라는 게 정확히 뭐죠?
    기분과 감정에도 단계가 있다
    화 뒤에 진짜 마음을 숨기는 부부의 심리
    내 기분과 감정을 잘 조절하려면
    나와 배우자의 정서 찾기 연습

6장 — **배우자와 나의 성인애착 활용법**   143

    63빌딩 꼭대기에 매달려 살 수는 없다
    애착을 쌓기 어려운 결정적인 이유
    집착녀와 회피남의 진짜 심리
    부부의 사랑은 어떻게 유지되는가
    애착을 쌓는 데 매우 중요한 세 가지
    서로에게 건강하게 의존하는 법

 **PART 3** 변화, 건강한 부부생활을 유지하다

7장 ― 서로의 상처를 함께 들여다보는 시간   177

　　　　내가 이 사람과 결혼한 숨은 심리학적 이유
　　　　당신이 내 상처를 알기나 해?
　　　　부모에 대한 불편하지만 중요한 진실
　　　　똑같은 상처를 대물림하지 않으려면
　　　　독이 되는 양가 부모와 거리 두는 법

8장 ― 좋은 관계를 위한 부부의 소통법   203

　　　　남과 여, 소통이 힘들 수밖에 없는 이유
　　　　배우자의 언어를 이해하고 있나요?
　　　　기분 좋은 대화를 위한 세 가지 팁
　　　　화가 났을 때는 이것부터 지켜라

9장 ― 결혼 후에 내가 단단해지는 습관들   229

　　　　변하지 않는 상대 때문에 힘든가요?
　　　　이혼에 대한 조금 다른 고찰
　　　　현명하게 내 감정 조절하는 법
　　　　배우자를 향한 꼬인 오해부터 풀어라
　　　　통제할 수 있는 것과 없는 것 구분하기
　　　　그럭저럭 불화를 껴안고 잘 사는 것
　　　　결혼을 통해 성장하는 삶을 만들다

　　　　더 알고 싶은 독자를 위하여   262

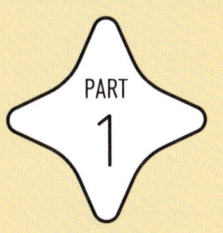

결혼,
이것만은 알고 살자

1장

결혼을 공부해야 하는 다섯 가지 이유

첫 번째 이유, 결혼의 개념이 바뀌었다

사랑이 결혼의 필수조건이 된 건 대체 언제부터였을까요? 아니, 결혼이란 대체 무엇일까요?

놀랍게도 우리는 결혼에 대한 깊은 고찰 없이 이 엄청난 과정에 입문합니다. 생각해보세요. 살면서 몇 번 써먹을까 말까 한 수학공식은 달달 외우라 하면서 인생을 좌지우지할 중대사인 결혼에 대해서는 누구도 제대로 알려주거나 공부하라고 하지 않죠. '신부 수업'이라는 말은 익숙해도 '결혼 수업'은 생소하며, 육아는 열심히 공부해도 결혼은 열심히 공부하지 않잖아요. 그래서 결혼 공부가 왜 최우선시되어야 하는지 설명하는 것에서 이 책을 시작하려고 합니다.

먼저 결혼의 한계를 인정하는 것을 출발점으로 삼아보죠. 결혼을 공부해야 하는 첫 번째 이유는 결혼의 패러다임이 완전히 변했기 때문입니다. 많은 사람들이 사랑의 결실이라 굳게 믿는 결혼이 본래 본능 충족과 생존을 위한 전략적 제도였다는 점을 알고 있나요? 지금과 같이 사랑을 전제로 한 결혼관이 생긴 것은 고작 약 150년밖에 되지 않았습니다. 수천 년 전부터 인류는 혼자 힘으로 살아가는 것이 불가능했기에 노동력을 결합하기 위해 결혼이 필요했어요. 이후로도 쭉 결혼의 주요 기능은 사회적 신분 유지, 정치적 동맹, 경제적 안정, 성과 관련된 권리와 의무, 가문의 유지였습니다. 사랑은 결혼의 조건 또는 기능에서 제외되었습니다. 물론 사랑이 중요하지 않았다는 것은 아닙니다.

> 물론 과거 수천 년 동안에도 사람들은 사랑에 빠졌다. 때로는 심지어 배우자와 사랑에 빠지는 사람도 있었다. 하지만 결혼은 근본적으로 사랑과 관계가 없었다. 결혼은 경제적·정치적으로 너무나 중요한 제도였기 때문에 사랑처럼 미숙하고 비이성적인 감정만을 근거로 실행할 수 없었다.

결혼과 가정의 역사를 연구해온 스테파니 쿤츠Stephanie Coontz가 《진화하는 결혼》이라는 책에서 한 말입니다. 로맨스는 예나 지금이나 인간의 중요한 본능이자 감정이기에 과거에는 권력과 돈이 있는 남자들이 아내를 여럿 두었고, 보바리 부인이나 안나 카레니나 같은 소설 주인공처럼 여자들 역시 젊고 잘생긴 연인과 사랑에 빠지는 경우가 많았죠. 다만 배우자와 사랑에 빠지는 것은 스테파니 쿤츠가 '심지어'라는 말을 덧붙였을 정도로 당시엔 생소했습니다.

심리학자 수전 존슨Susan Johnson에 따르면, 1939년까지도 여성에게 사랑은 배우자를 택하는 다섯 번째 조건에 불과했습니다. 당시 여성들은 결혼을 통해서만 사회적 지위와 부를 누릴 수 있었기 때문에 사랑은 중요한 조건이 아니었습니다. 남성들도 마찬가지였습니다. 결혼에는 복잡한 이해관계가 얽혀 있기 때문에 언제 변할지 모르는 불확실한 사랑에 결혼생활을 맡길 수가 없었던 거죠.

결혼이 합리적 거래였다는 사실은 찰스 다윈Charles Dawin의 노트를 봐도 알 수 있어요. 다윈은 결혼으로 얻을 수 있는 득실을 차분하게 적어 내려가며 결혼을 할지 말지 고민했습니다.

결혼할 때 생길 손실

다툼, 자유 박탈, 혼자만의 여행 불가능, 끔찍한 시간 낭비, 돈을 벌기 위해 일을 해야 한다는 의무감, 평생을 벌처럼 일, 일, 일, 일만 하면서 시간을 보낼 생각을 하니 끔찍함, 친구들과 클럽에서 대화하며 놀 수 없음, 여행도 못 하고 수집도 못 하고 책도 못 봄, 비만, 나태, 불안, 책임감, 책 살 돈이 줄어들고 저녁에 독서 불가능, 친지 방문 강요, 가난한 노예로 전락.

과연 런던에서 감옥에 갇힌 것같이 살 수 있을까?

결혼할 때 생길 이득

아이, 지속적인 동반자, 같이 놀 수 있는 상대, 늙고 난 다음의 친구, 살림해 줄 사람, 여자의 풍부한 화젯거리 및 수다, 상냥한 아내와 난로 옆 소파, 책,

음악 등은 건강에 도움이 됨.

어쨌든 개를 키우는 것보다는 낫다!

 찰스 다윈의 결혼 노트(케임브리지대학교 도서관)

'어쨌든 개를 키우는 것보다는 낫다'는 마음으로 결혼한 다윈의 결혼생활이 어땠는지는 모르겠지만 주목해야 할 점은 결혼에 따른 득실이 예나 지금이나 놀라울 정도로 똑같다는 사실입니다. 결혼이 주는 장점과 단점 그 자체는 크게 변하지 않았어요.

1970년대에 들어서자 결혼을 바라보는 시각에 아주 커다란 변화가 생겼습니다. 사랑이 가장 중요한 포지션으로 올라선 것입니다. 영국의 사회학자 앤서니 기든스Anthony Giddens는 1990년대 들어 여성이 직업을 갖고 사회활동을 시작하면서 결혼의 패러다임이 '합리적 거래'에서 '감정적 차원'으로 완전히 바뀌었다고 주장합니다. 사랑 없이 조건만 보고 하는 결혼이 바람직하다고 생각하는 사람은 없어진 거죠.

사랑이 제1의 조건이 되었다는 것을 문제 삼는 게 아닙니다. 우리가 결혼을 통해 얻으려는 것이 사랑 말고도 많다는 게 문제죠. 우리는 결혼을 통해 거의 모든 것을 얻으려 합니다. 그것도 단번에 말입니다. 경제적 안정감은 기본이고, 어른이 되었다는 사회적 지위와 인정을 비롯하여 배우자는 언제나 영원한 사랑, 멋진 연인, 가장 친한 친구, 때로는 든든한 부모 등 대체 불가할 정도로 특별한 사람이 되어주길 바랍니다. 무엇보다 제일 큰 문제는 이 모든 것이 영원하기를 바라는 것이죠. 과연 가능한 일일까요?

인류가 생겨난 이래 지금의 우리처럼 결혼에 과도한 기대를 건 세대는 없었습니다. 한 사람과 지금처럼 오랫동안 부부관계를 유지해야 했던 세대도 없었고요. 우리는 지금 새로운 개념의 결혼을 경험하고 있는지도 모릅니다. 급격하게 변해버린 결혼의 패러다임 속에서 모두가 허우적거리는 건 당연합니다.

행복한 결혼을 하고 싶은가요? 결혼생활을 행복하게 잘 유지하고 싶은가요? 그렇다면 가장 먼저 이 사실을 받아들입시다. 지금 우리가 흔들리는 것은 지극히 당연한 일입니다!

두 번째 이유, 관계는 삶의 행복을 결정한다

결혼해서 행복해지는 사람이 있는 반면 혼자일 때보다 더 외롭고 괴로워지는 사람이 있습니다. 결혼을 공부해야 하는 두 번째 이유는 결혼이 우리 삶의 질을 너무도 깊이 좌지우지하기 때문입니다. 불행하려고 결혼하는 사람은 없을 텐데 어찌 된 게 많

은 사람들이 결혼하고 더 불행해졌다고 이야기합니다.

대체 행복해지려면 어떻게 해야 할까요? 이에 대한 여러 연구가 있습니다만 가장 유명한 연구는 하버드 성인발달연구라 할 수 있습니다. '무엇이 우리를 행복하게 만드는가?' 이 하나의 물음에 대한 답을 찾기 위해 인류학자, 심리학자, 내과 의사, 정신과 의사들로 구성된 하버드 연구팀은 2009년《애틀랜틱 먼슬리Atlantic Monthly》에 그해까지 약 72년 동안 남성 724명의 인생을 추적한 연구 결과를 발표했습니다. 누적 연구비만 200억 원에 달하는 굉장한 연구였죠. 누군가의 인생을 통째로 연구하는 이 험난한 여정을 그 연구팀은 해냈고 지금도 진행 중입니다.

어떤 연구인지 살펴보죠. 연구 대상은 하버드대학교 2학년 학생들과 보스턴의 빈민가 출신 소년들이었습니다. 세계 최고 엘

리트 집단의 학생들과 온수도 제대로 안 나오는 극빈층 가정의 소년들은 자라서 다양한 직업을 가진 성인이 되었습니다. 공장 노동자·변호사·벽돌공·의사가 되었고, 그중에는 미국 대통령도 있었죠. 누군가는 알코올 중독자가 되었고 누군가는 조현병을 앓았습니다. 누가 행복하고 누가 불행할까요? 돈이 많거나 학벌이 좋거나 성공한 사람들이 더 행복했을까요?

72년에 걸친 이 연구에서 찾은 행복의 답은 '좋은 관계'였습니다. 부나 성공, 명예, 또는 열심히 노력하는 것이 우리를 행복하게 만드는 것이 아니라 좋은 관계가 우리를 행복하게 만들더라는 것이죠. 이 연구뿐 아니라 수많은 연구들이 행복을 좌우하는 가장 큰 요소가 관계라는 사실을 밝혀냈습니다. 긍정심리학의 창시자인 마틴 셀리그먼Martin Seligman은 웰빙의 다섯 가지 요소 중 하나로 관계를 꼽았고, 행복심리학자인 에드 디너Ed Diener 교수 역시 자신의 논문 〈매우 행복한 사람Very Happy People〉에서 행복을 결정하는 가장 중요한 요인이 관계임을 밝혔습니다.

구체적으로 어떤 관계를 말하는 걸까요? 1983년 심리학자인 낸시 슈미트Nancy Schmidt와 벨로 서멋Vello Sermat은 《성격 및 사회심리학저널Journal of Personality and Social Psychology》에 만족스럽고 행복한 삶을 살기 위해서는 아래의 네 가지 관계가 필요하다고 썼습니다.

- **가족관계** : 혈연으로 이루어진 관계. 사회생활 속에서 지치고 힘든 몸과 마음을 쉬게 하는 동시에 서로 이해하고 위로하며 지원해주는 사이.
- **낭만적 관계** : 연인 또는 배우자 관계. 낭만적 사랑과 연애감정을 느낄 수 있고, 육체적 친근감을 통해 성적 욕구를 나눌 수 있는 사이.
- **친구관계** : 친구나 사교적 관계. 개인적인 친근감과 신뢰에 바탕을 두고 긍정적인 정서를 교류하는 사이.
- **동료관계** : 직업활동을 함께하는 동료, 즉 작업적 동반자와의 관계. 목표 지향적인 공동체에서 함께 활동하며 협력하는 동반자적 사이.

부부는 '가족관계'와 '낭만적 관계'에 모두 해당합니다. 무려 관계의 절반을 차지하죠. 부부관계가 왜 어려운지 알 수 있겠죠? 결혼을 한 사람에게 평생 동안 맺는 관계 중 가장 오랜 시간을 함께하고 가장 깊은 유대감을 나누는 사이가 바로 부부입니다. 오죽하면 부부는 무촌이라고 하겠어요. 따라서 결혼을 하는 순간, 우리 삶의 질을 결정하는 가장 중요한 요인이 바로 부부관계가 될 수밖에 없습니다. 결혼생활이 불행하면 삶에서 행복을 느끼기가 그만큼 어려워지는 겁니다.

친구나 동료와 잘 지내기 위해 얼마나 노력했는지 한번 생각해보세요. 처세술, 인간관계 기술을 다룬 책들은 불티나게 팔리는 반면 결혼 관련 책 판매량은 처참할 정도예요. 각종 자격증을 따기 위해 공부하는 사람들은 셀 수 없이 많은데 결혼에 대해 공부하는 부부는 매우 드뭅니다.

사람들은 별다른 생각 없이 부부관계는 '당연히 좋아야 하는 것'이라고 생각합니다. 부부 불화를 부부 개인의 결함 또는 성격의 문제로 치부하고 별다른 노력을 기울이지 않는 겁니다. 하지만 노력 없이는 결코 좋아질 수 없는 것이 부부관계입니다. 회사와 사회는 굳이 내가 아니어도 잘 돌아갑니다. 하지만 내 가정은 그렇지 않아요. 사회적 역할은 누군가 대신할 수 있고 대체 가능하지만 가족과 부부에게 주어지는 역할과 의무는 아무도 대신해 줄 사람이 없습니다. 부부관계가 얼마나 중요하고 또 어려운 것인지 인식의 변화와 함께 부부관계를 위해 노력하는 문화를 만들어가야 할 때입니다.

세 번째 이유, 배우자는 생존을 위해 매우 중요한 대상이다

결혼생활에서 불화가 생기면 극도의 고통을 경험합니다. 이것을 이해하기 위해서 '애착행동 시스템attachment behavior system'을 살펴볼게요. 우리 몸에 내재된 아주 특별한 이 정신생물학적 시스템의 가장 큰 목표는 생존을 위한 안전과 보호입니다. 우리에게 어떤 특정한 상대를 정해 그와 아주 친밀한 관계를 맺도록 하지요. 다시 말해 모든 인간은 태어날 때부터 생존을 위해 특정한

누군가와 정서적 친밀감을 원하도록 프로그래밍되어 있습니다. 결혼을 공부해야 하는 세 번째 이유는 바로 부부가 생존을 위한 서로의 애착 대상이기 때문입니다.

'애착' 하면 가장 먼저 무엇이 떠오르나요? 아마도 아기와 엄마 간의 애착일 겁니다. 21세기는 애착의 시대라 해도 과언이 아닐 정도로 '애착이론attachment theory'은 양육의 패러다임을 완전히 바꿔놓았습니다. 아기에게 애착이 중요하다는 것은 잘 알려져 있지만 성인인 우리에게도 애착이 필요하다는 것에 대해서는 놀라울 정도로 아는 바가 없지요. 1969년 애착이론의 아버지라 불리는 존 볼비John Bowlby는 이렇게 말합니다.

"인간은 요람에서 무덤까지 애착 대상이 제공하는 안전기지를 기반으로 여행하는 삶을 살아갈 때 가장 행복하다. 성인의 사랑 역시 애착의 결합이며, 이는 부모와 유아의 결합과 같다."

'안전기지secure base'란 힘들고 어려운 상황에서 도움을 청하거나 의지할 수 있는 안전한 존재를 말합니다. 볼비는 안전기지에 대한 욕구가 성욕보다 더 중요한 인간의 본능이라 말하기도 했죠. 아이에게 엄마가 필요하듯 부부는 서로에게 서로가 필요합니다. 따라서 서로 애착의 대상이 되어주어야 하는 부부가 불화를 겪으면 실로 큰 고통을 경험하게 되는 것이지요.

부부가 서로 죽일 듯 싸우는 것도 미워서라기보다 애착 대상의 자리를 유지하기 위해서입니다. 서로가 서로에게 친밀감을 회복시켜주면 불화는 순식간에 사르르 녹아내려요. 이것이 바로 부부싸움이 칼로 물 베기인 이유죠. 부부가 싸우는 원인은 여러 가지가 있겠지만 결국 그 뿌리를 파고들면 안전기지를 확보해 정서적 친밀감을 쌓기 위해서입니다.

여러분은 어떠한가요? 안전기지가 되어줄 상대가 있나요? 힘들 때 배우자나 연인에게 달려가 안겨서 위로받고 다시 힘을 낼 수 있나요? 여러분 역시 누군가에게 그런 안전기지가 되어줄 준비가 되어 있나요? 안타깝게도 부부가 서로에게 애착 대상이 되어야 한다는 것을 알고 있는 부부는 많지 않은 것 같습니다. 안다 해도 방법을 몰라 헤매기도 하죠. 안정적인 애착을 쌓는 것이 결코 쉬운 일은 아닙니다.

성인애착을 쌓는 것이 대체 왜 그렇게 어려운 일일까요? 자신의 욕구가 먼저 충족되기를 바라는 이기심이 첫 번째 이유겠죠. 게다가 먹고사는 문제로 바빠 애착을 쌓을 시간과 여유가 없기도 하고요. 하지만 가장 큰 이유는 우리가 서로 다른 애착 유형을 가지고 있음에도 이에 대한 이해가 부족하기 때문에 애착을 쌓는 방식을 모른다는 데 있습니다.

성인의 애착을 형성하는 것은 결코 쉬운 일이 아닙니다. 성인애착이 유아애착과 다른 가장 큰 특징은 상징적이라는 겁니다. 무슨 소리냐고요? 아기에게는 배고프면 우유를 주고 젖은 기저귀를 갈아주는 등 실제 필요한 것을 재깍재깍 해주는 것이 중요하죠. 하지만 성인에게는 실질적 도움도 물론 중요하지만 그보다 그 행위에 담긴 상징이 더 중요합니다. 같은 선물이라 하더라도 선물 자체보다 선물에 담긴 상징이 훨씬 더 중요하다는 뜻입니다. 꽃을 좋아하는 아내를 위해 선물하는 꽃다발과 마이너스 통장을 만들어 술 마시고 노는 데 쓰다가 걸린 후에 아내의 화를 누그러뜨리려고 주는 꽃은 절대 같은 꽃이 아닙니다.

두 번째 특징은 성적 교감이 필요하다는 것입니다. 성적 교감은 애착을 쌓는 데 중요한 요소입니다. 요즘 시대가 어떤가요. 음란물, 퇴폐업소, 성매매, 각종 채팅 앱 등 한 사람하고 성적 교감을 갖기에는 유혹이 너무 많습니다. 게다가 스트레스 인해 성욕이 줄어들어 성적으로 교감하지 못하는 부부도 늘어나고 있죠.

마지막으로 성인애착은 상호적입니다. 간혹 상대가 원하는 걸 모두 해주는 것을 애착으로 오해하는 '헌신남, 헌신녀'들이 있습니다. 명심하세요. 헌신하다 헌신짝 됩니다. 이 말을 '너무 잘해주지 마라' '헌신하지 마라'는 뜻으로 오해하기도 하는데, 상대도 나에게 잘해주고 헌신하면 괜찮습니다. 진짜 문제는 그 헌신이 일방적일 때 있습니다.

유아애착과 달리 성인들은 한쪽에서 일방적으로 희생하고 상대의 욕구를 충족시켜주어서는 절대로 건강한 관계를 쌓아갈 수 없습니다. 연애 때는 잠시 가능할지 몰라도 결혼해서는 절대 불가능합니다. 무작정 잘해주는 사람이 힘든 건 뻔한 일이고, 아이러니하게도 헌신을 받는 사람 역시 만족하지 못합니다. 아무리 잘해줘도 무시하거나 끊임없이 무언가를 요구해대는 배우자의 모습, 상상하는 것이 어렵지 않죠? 부부관계에서는 남편과 아내가 서로의 필요와 욕구를 채워주려고 함께 노력할 때 비로소 안정적인 애착이 쌓입니다.

서로가 서로에게 안전한 애착의 대상이 되어주어야 정신적으로나 육체적으로 건강하게 살아갈 수 있다는 것을 기억하세요.

네 번째 이유, 내 아이의 인생이 달려 있다

많은 부부들이 부부관계보다 자녀와의 관계에 더 공을 들입니다. 평소에는 책 한 권 읽지 않던 사람이 육아서를 사고, 무뚝뚝한 성격이지만 아이 앞에서는 까꿍 하고 살가운 표정과 목소리를 내지요. 같이 놀아주고 책을 읽어주고 스킨십을 해주고……. 아이를 행복하게 키우기 위한 부모의 노력은 끝이 없습니다. 그러나 부부관계는 어떤가요? 그 노력의 십분의 일도 하지 않는 경우가 많지 않나요? 십분의 일이 뭡니까, 백분의 일도 안 하는 경우가 태반이죠. 아이를 위한 물건은 끝도 없이 사면서 배우자를 기쁘게 하는 일에는 점점 인색해져갑니다. 아이에겐 한없이 다정하면서도 배우자에게는 짜증과 화를 참지 못하죠. 서로에게는 짜증내고 큰소리를 치면서 아이에게만 잘한다고 해서 이 아이가 괜

찮을까요?

부부관계에 자녀의 행복이 달려 있다는 말, 너무나 상식적인 이야기죠? 어찌 된 게 여전히 많은 부부들이 이 상식을 지키지 못하고 삽니다. 부부관계가 내 아이의 인생에 얼마나 깊숙하게 영향을 끼치는지 제대로 모르기 때문입니다. 다시 한번 새겨두세요. 부부싸움은 우리가 생각하는 것 이상으로 자녀의 심리적 건강뿐 아니라 신체적 건강에 영향을 끼치며, 이후 자녀의 결혼생활뿐 아니라 전반적 삶의 질에도 굉장히 큰 영향을 준다는 것을요.

단적으로 얘기하자면, 부부싸움 자체가 아동학대입니다. 때리고 굶기고 욕하는 것만을 아동학대라고 생각하지만 부부싸움을 목격하게 하는 것도 엄연한 아동학대입니다. 아이의 심리적 불안감을 조성하는 모든 일이 학대입니다. 세계보건기구WHO의 아동학대 정의도 이 뜻을 담고 있습니다.

> 아이의 양육에 책임 있는, 아이가 신뢰하는 또는 아이에게 영향을 끼칠 수 있는 권력적 관계에 있는 사람이 아동에게 실재적이거나 잠재적인 해를 주는 모든 행위로, 'UN의 아동권리(자신의 신체적·정서적·영적·윤리적·사회적 발달에 적절하고 합당한 삶을 살 권한이 있다)'에 저해되는 행위를 모두 포함한다.

부부는 싸우고 돌아서면 언제 그랬느냐는 듯이 잘 지낼 수도 있지만 아이는 그렇지 못합니다. 부모의 싸움으로 말미암아 아이가 느끼는 공포는 부모가 생각하는 것 이상이에요. 트라우마 수준이죠. 자신의 든든한 울타리이자 세상의 전부인 부모가 싸우기 시작하면 아이는 온 세상이 흔들리는 것과 같은 공포심을 느끼거든요. 생후 6개월 정도면 이미 주변 분위기나 큰 소리에 본능적으로 위협을 느끼고 신체적으로 변화를 나타냅니다. 미국 로체스터대학교, 미네소타대학교, 노터데임대학교 공동 연구팀의 연구 결과에 다르면, 부부가 전화로 싸우는 모습을 본 아이의 소변을 검사해봤더니 스트레스 호르몬인 코르티솔 수치가 높아지는 것으로 나타났습니다. 또한 뉴욕 로체스터 메디컬 센터의 연구에 따르면, 5~10세 어린이를 대상으로 조사한 결과 부모의 스트레스 지수가 높을수록 자녀들이 병에 걸릴 확률이 36%나 증가하는 것으로 나타났죠.

또 다른 문제는 부부싸움이 아이에게 부정적인 자아상을 갖게 만든다는 것입니다. 왜냐하면 자신 때문에 엄마 아빠가 싸운다고 믿기 때문이죠. 특히 5세 이하의 아이는 싸움의 원인이 무엇이든지 간에 자기 탓으로 여기고 본능적으로 죄책감을 갖습니다. 죄책감뿐이 아닙니다. 싸우는 부모 옆에서 아무것도 할 수 없는 자신을 보며 무기력과 불안, 슬픔, 분노, 우울 등 다양한 부정적 감정에 빠지게 되죠.

무엇보다 그것이 대물림된다는 사실이 가장 심각합니다. 부부갈등은 자식의 결혼생활에도 지대한 영향을 끼칩니다. 프랑스 국립 건강의료연구원의 연구에 따르면, 부부싸움을 어렸을 때부터 경험한 아이는 우울증에 걸릴 확률이 1.4배, 미래에 자신도 부부끼리 폭력을 행사할 확률이 3배, 자기 아이를 학대할 확률이 5배나 높은 것으로 나타났습니다. 따라서 부부의 문제는 부부만의 문제가 아니라 자녀들의 결혼과 인생 전체에까지 영향을 끼치는 셈입니다.

그러니 싸울 때 싸우더라도 아이 앞에서는 절대로 싸우지 마세요. 부득이하게 싸우는 모습을 보였다면 그 싸움이 아이 때문에 생긴 것이 아니라는 사실을 반드시 알려줘야 합니다. 생각하는 바가 달라서 싸우긴 했지만 서로 잘 지내려고 노력하는 중이라는 설명과 함께 화해하는 의미로 포옹하거나 뽀뽀하는 모습 등을 보여주세요. 부부싸움은 에너지가 듭니다. 그러나 부부싸움이 아이에게 주는 부정적인 영향을 줄이고 아이에게 다시 신뢰와 안정감을 주기 위해서는 그보다 몇십 배의 노력이 든다는 사실 잊지 마세요.

내 아이가 행복하길 원한다면 육아법보다 부부관계에 대한 공부를 먼저 해야 합니다. 소중한 내 아이의 행복을 위해서 여러분이 아이에게 줄 수 있는 가장 큰 선물은 좋은 엄마 아빠가 되는 것이 아니라 행복한 부부가 되는 것이라는 사실을 기억하기 바랍니다.

다섯 번째 이유, 갈등은 해결이 아닌 관리의 문제다

'불화는 혼수다'라는 말이 있었어요. 요즘은 혼수를 생략하는 커플도 많으니 '불화는 결혼의 그림자다'라는 말이 더 적절하겠네요. 그만큼 결혼생활에서 갈등은 필연적으로 따라붙는다는 것이죠. 부부들이 겪는 갈등에는 두 종류가 있습니다. 해결 가능한 갈등과 결코 해결할 수 없는 갈등. 결혼을 공부해야 하는 마지막 이유는 대부분의 부부갈등이 해결되지 않는 것이기 때문입니다. 세계적인 부부치료 전문가 존 가트맨John Gottman 박사의 연구에 따르면 69퍼센트의 부부갈등은 해결되지 못한 채 그대로 남아 있습니다. 과학은 부부관계에서 발생하는 갈등의 31퍼센트만이 해결 가능하다고 밝혀낸 겁니다. 해결 가능한 갈등은 해결하면 됩니다. 그렇다면 해결할 수 없는 갈등은 어떻게 해야 할까요?

일단 두 가지 측면에서 갈등을 바라보는 인식을 바꿀 필요가 있습니다.

- 갈등은 나쁜 것이다 → 갈등은 자연스러운 것이다.
- 갈등은 해결해야 한다 → 갈등은 관리해야 한다.

우리는 갈등을 나쁜 것으로 여깁니다. 그러나 갈등은 나쁜 것이 아니라 자연스러운 것이죠. 남남이 만나 평생을 함께하는데

갈등이 없는 게 오히려 이상합니다. 쌍둥이조차 생각이 다르고 원하는 것이 다른데 아내의 생각과 남편의 생각이 다른 것은 너무나도 당연한 일 아닐까요? 이제 답답한 소리만 해대는 배우자 앞에서 이런 생각을 해보세요. '그래, 다른 게 정상이지.'

많은 부부들이 지쳐 나가떨어지는 이유는 해결 불가능한 갈등을 해결하려고 하기 때문입니다. 이제 갈등을 수용하고 관리하는 데 초점을 맞춰보세요. 갈등을 바라보는 프레임을 전환하고 이를 관리하는 방법을 배우지 않으면 불화는 심해질 수밖에 없습니다.

"먹고살기도 바쁜데 부부관계까지 신경 쓸 여유가 어딨어요? 그냥 그러려니 포기하고 사는 거죠."

먹고살기도 힘든데 뭘 더 하라니 힘들다고요? 맞아요. 먹고살기도 힘듭니다. 그렇지만 먹고살기 힘든 와중에 부부관계까지 안 좋으면 사는 게 훨씬 더 힘들어집니다. 부부관계가 좋아야 그 힘으로 먹고사는 문제에 더 집중할 수 있는 거예요.

갈등은 부부를 그림자처럼 따라다니지만 그 실체를 잘 파악하면 피해를 최소화할 수 있습니다. 쓰나미에 완전히 휩쓸려가느냐 안전한 곳으로 대피하느냐의 차이 같은 거죠. 냉정하게 들리겠지만 아무것도 모른 채 결혼생활을 맞이한다면 마주할 현실은 참담할 겁니다.

2장
스마트한 시작을 위해 필요한 것들

건강한 관계를 만드는 세 가지 조건

여기 두 부부가 있습니다. 한 부부는 사랑과 신뢰로 대화하며 친밀감과 안정감을 느끼면서 서로 존중과 배려와 칭찬을 아끼지 않습니다. 반면 다른 한 부부는 잦은 싸움으로 비난과 폭력을 일삼고 거짓말과 외도까지 저지르며 서로 무시하고 적대시합니다.

둘 중 어느 관계가 더 건강한 관계인지 모르는 사람은 없을 거예요. 그러나 건강한 관계를 맺기 위한 조건이 무엇이냐고 묻는다면 선뜻 대답하기 힘듭니다.

"대체 어떤 남자 또는 여자를 만나야 할까요?"

"이 사람과 결혼해도 될까요?"

인생이 걸린 이 중요한 주제에 대해 제대로 알려주는 이가 없다는 사실은 정말 비극적입니다. 보통은 '중요하다' '잘해야 한다'라고 할 뿐이잖아요.

결혼으로 팔자를 고쳤다는 누군가의 이야기는 비현실적인 꿈을 꾸게 하고, 결혼 후에 팔자가 꼬여버렸다는 누군가의 이야기는 선택을 두렵게 합니다. 중요하다는 사실은 귀에 못이 박히게 들어왔지만 그래서 대체 누구를 어떻게 만나야 하는지는 아무도 알려주지 않으니 답답합니다.

결혼을 해도 마찬가지입니다.

'이혼을 해야 할까요, 그냥 참고 살아야 할까요?'

다른 듯 보이지만 결국은 같은 질문이에요. 불확실함으로 가득 찬 이 질문에 대한 답은 어디에서도 들을 수 없습니다. 해답의 열쇠는 오직 본인에게만 있거든요. 문제는 우리가 자꾸 엉뚱한 결정을 내린다는 것입니다. 뭘 제대로 알아야 올바른 선택을 할 수 있을 텐데 배운 적이 없으니 자꾸만 잘못된 선택을 합니다. 난감한 일이지요. 이제부터 건강한 사랑을 위한 필수 조건들에 대해 알아볼게요. 이 사람과 평생을 같이해도 괜찮을지, 대체 어떤 사람을 만나야 행복할 수 있을지 고민 중이라면 해답을 찾는 데 나침반이 되어드리겠습니다.

청소년과 성인의 이성관계 및 정신건강에 대해 연구하는 심리학자 조앤 다빌라Joanne Davila의 연구 결과에 따르면, 이성과 건강한 관계를 맺기 위해서는 두 가지가 필요합니다. 바로 조건과 기술이에요. 조앤 다빌라의 홈페이지(www.skillsforhealthyrelationships.com)에 들어가면 이에 대한 자세한 설명을 볼 수 있습니다. 이 책에서는 중요한 몇 가지 사항에 대해 소개하고 넘어가겠습니다. 건강한 관계를 위한 세 가지 조건은 흔히 말하는 직업, 경제력, 외모, 학벌 등이 아닙니다. 건강한 관계를 위한 세 가지 조건은 다음과 같습니다.

첫 번째 조건, 내가 나를 알고 나를 좋아한다.

내가 원하는 것이 무엇인지 내 욕구를 정확히 파악하고 그 욕구가 중요하다는 것을 인지하며 이를 존중하는 것, 나아가 이를 만족시키기 위해 노력하는 것을 의미합니다. 이 조건이 충족되면 관계를 맺을 때 자신의 장점을 더 잘 드러내 위축되지 않고 좀 더 자신감 있게 상대를 대할 수 있습니다.

두 번째 조건, 내가 상대방을 잘 알고, 그런 상대를 좋아한다.

두 번째 조건은 상대방이 내가 원하는 사람이라는 확신에서 출발합니다. 즉, 상대가 내 욕구를 존중하고 충족시켜줄 수 있는 사람인지에 대한 판단을 이때 내리게 되는 거죠. 상대에게 좋아하는 감정을 건강하게 표현하고 나의 감정을 존중하는 태도가 수반되는 조건입니다. 두 번째 조건을 염두에 둔다면 타인이 원하는 사람이 되도록 애쓰거나 거짓으로 자신을 꾸미기보다 있는 그대로의 나를 존중해줄 상대를 선택하게 됩니다.

세 번째 조건, 상대도 나를 잘 알고, 그런 나를 좋아한다.

내가 상대의 욕구를 존중하고 충족시켜줄 수 있는지에 대한 판단을 내리게 되는 조건입니다. 이 조건을 만족시키려면 상대

역시 나를 충분히 이해하고, 나를 좋아하는 감정을 건강하게 표현하며 나를 존중하는 태도를 지녀야 합니다.

어떤가요? 세 가지 조건을 모두 가지고 있나요? 이 조건들은 미혼인 사람들이 더 잘 알아야 합니다. 사실 청소년 시기부터 알려주는 것이 필요하다고 생각해요. 그래야 자신에게 맞는 짝을 찾는 안목이 생기죠. 내 아이나 지인들의 행복을 바란다면 이 조건들을 알려주세요.

연인이나 배우자가 있는 사람들 중에 심각한 불화로 헤어짐을 생각하고 있다면 중대한 결정을 내리기 전에 첫 번째 조건을 충족하고 있는지부터 스스로에게 물어보세요. 내가 나를 알고 나를 좋아하는지, 아니면 내가 나를 좋아하지 않으면서 남에게 무조건적인 사랑을 바라고 있는 건 아닌지 말입니다. 첫 번째 조건에서 걸린다면 다른 누군가를 만나도 다시 힘든 상황에 처할 가능성이 높으니까요.

좋은 관계를 유지하는 세 가지 기술

앞에서 살펴본 세 가지 조건이 갖춰지고 이상적인 상대를 만났다 해도 건강한 관계가 저절로 유지되는 것은 아닙니다. 이를 위해서는 특별한 능력이 필요하지요. 조앤 다빌라는 이를 '낭만적 역량'이라 이름 붙였습니다. 낭만적 역량이란 '자신에게 맞는 사람을 찾기 위해 자신의 솔직한 욕구를 깨닫고, 사랑과 존중의 태도를 유지하며, 건강하지 않은 관계를 판단하여 벗어날 줄 아는 능력'입니다. 여러분의 낭만적 역량은 어느 정도인가요? 연애와 결혼생활에서 어려움을 겪고 있다면 이 낭만적 역량을 높일 필요가 있어요. 낭만적 역량을 높이기 위해서는 아래의 세 가지 기술이 필요합니다.

- **통찰력** : 내가 누구이며 원하는 것이 무엇인지, 상대는 어떤 사람인지 객관적으로 보는 능력.
- **상호성** : 나와 상대 모두 각자의 욕구가 있다는 것을 인정하고, 두 사람의 각기 다른 욕구가 모두 동등하게 중요하다는 것을 아는 능력.
- **감정조절** : 관계 안에서의 반응에 대해 감정적 균형을 유지하는 능력.

먼저 통찰력을 살펴볼까요? 영혼의 반쪽을 찾고 건강한 사랑을 오랫동안 유지하기 위한 첫 번째 기술이 바로 관계에 대한 통찰력입니다. 통찰력이 있으면 무엇이 좋아질까요?

- 스스로에 대해 더 잘 알게 된다.
- 상대에 대해 더 잘 알게 된다.

- 특별한 상황에서 내 선택이 가져올 결과를 예측할 수 있다.
- 실수를 해도 이를 통해 앞으로 더 나은 선택을 하도록 배울 수 있다.
- 어떤 관계가 나와 맞는지에 대한 이해가 높아진다.

통찰력은 비즈니스에만 필요한 게 아닙니다. 관계에 대한 통찰이 훨씬 더 중요해요. 연애와 결혼에서 통찰력의 영향력은 실로 어마어마합니다. 주변에 보면 자신에게 딱 맞는 짝을 잘 찾아내는 사람들이 있는데, 그들은 운이 좋다기보다 실은 통찰력이 있을 가능성이 큽니다.

다음은 상호성입니다. 상호성이 있는 사람의 강점입니다.

- 자신의 요구를 명확하게 직접적으로 표현하여 실현할 가능성을 높인다.
- 상대의 요구도 기꺼이 들어줄 수 있다.
- 관계에 영향을 끼치는 결정을 내릴 때 두 사람의 요구가 모두 반영될 수 있도록 노력한다.

통찰력이 있다고 해도 완벽한 상대를 만날 수 없습니다. 어차피 내 모든 것을 무조건적으로 다 받아주는 사람은 없잖아요. 그런 관계가 있다면, 한쪽이 일방적으로 참고 있는 겁니다. 나처럼 상대도 당연히 원하는 것이 있게 마련이니까요. 상호성을 키우기 위해서는 다음의 네 가지를 알아야 합니다.

1. 상대방의 욕구도 내 욕구만큼 소중하다.
2. 상대의 프레임으로도 세상을 바라봐야 한다.
3. 문제는 상대가 아니라 갈등 자체다.
4. 분명하되 온화하게 소통하는 것이 중요하다.

세 번째 필요한 기술은 바로 감정조절입니다. 통찰력과 상호성을 모두 갖췄다 해도 관계를 건강하게 유지하기는 쉽지 않습니다. 내가 원하는 것과 상대가 원하는 것은 언제든 충돌할 수 있기 때문이지요. 따라서 감정조절을 훈련하는 것은 관계를 건강하게 유지하는 데 굉장히 중요합니다. 감정조절이란 관계와 관련된 경험, 사건, 선택과 결정 등의 반응에 대해서 감정을 조절하는 능력입니다. 감정조절을 하면 무엇이 좋을까요?

- 화가 나는 상황에서 차분함을 유지할 수 있다.
- 불편한 기분이 들 때 충동적으로 굴기보다 참을 수 있다.
- 문제해결을 위해 균형감을 가지고 상황을 바라볼 수 있다.
- 이별이나 싸운 상황에서도 자신을 존중하고 원하는 걸 알아차릴 수 있다.

감정조절은 하루아침에 되는 일이 아닙니다. 의식적으로 꾸준한 연습이 필요해요. 매 순간 초조해하며 걷잡을 수 없는 감정에 휩싸여 분노를 표출했을 때 가장 힘든 사람은 나 자신이라는 사실을 기억하세요. 감정조절을 훈련하면 일단 충동적으로 행동함으로써 최악의 상황이 발생하는 것을 막아줍니다. 또한 어떤 괴로운 상태에서도 스스로를 존중할 수 있게 돼요.

통찰력, 상호성, 감정조절 중에서 여러분은 어떤 기술을 얼마만큼 가지고 있나요? 건강한 관계는 저절로 유지되지 않습니다. 나는 A를 원하고 상대는 B를 원합니다. 서로의 욕구가 충돌하는 욕구 갈등은 피할 수 없습니다. 이때 통찰력을 통해 자신이 욕구 갈등 상태에 있음을 인지하고, 상호성을 바탕으로 상대와 소통하고, 자신의 감정을 적절히 조절할 때 욕구 갈등의 늪에서 벗어날 수 있습니다.

2009년 《청소년저널Journal of Adolescence》에 발표한 조앤 다빌라의 연구 결과에 따르면, 이 기술을 가진 소녀들이 그렇지 않은 소녀들에 비해 더 안정된 관계를 맺고, 타인에게 더 편안함을 느끼고, 사람들을 더 신뢰하며, 거절당하는 것에 대한 두려움이 덜했습니다. 뿐만 아니라 정신적으로도 더 건강했으며, 미래의 결혼과 삶에 대해 긍정적인 시각을 가지고 있었습니다.

사랑에 정답은 없습니다. 그러나 가장 나다운 답을 찾을 수는 있어요. 소를 잃고도 외양간을 고치려는 노력은 큰 의미가 있는 법! 관계에 어려움이 있다고 느껴진다면 이제라도 관계를 개선하기 위해 노력해보세요. 행복해지고 싶다면 관계에 시간과 노력을 투자해야 합니다. 그것이 행복을 찾는 가장 빠른 지름길이니까요.

서로에 대해 어디까지 알고 있나요?

비혼을 즐기는 것도, 고통스러운 결혼생활에서 벗어나 새 인생을 찾는 것도, 인내하며 가정을 지키는 것도 모두 소중한 선택이고 소중한 삶입니다. 다만 누구도 대신해줄 수 없는 어려운 결정일 뿐이죠.

관계를 유지하는 기술 중 통찰력에 대해 좀 더 자세히 살펴보도록 하겠습니다. 관계에서 통찰력이란 자신과 상대를 객관적으로 이해하는 능력입니다. 통찰력을 구성하는 세 가지 요소는 인식하기, 이해하기, 학습하기입니다.

- **인식하기** : 자신과 상대의 욕구를 제대로 아는 것.
- **이해하기** : 자신이 한 행동의 원인과 결과를 이해하는 것.
- **학습하기** : 실수를 발판으로 보다 나은 선택을 하는 방법을 아는 것.

인식이라는 말이 어렵다고요? 쉽게 설명하자면 인식은 '제대로 아는 것'이에요. 연인이나 배우자와 계속 관계를 유지할지, 관둘지 올바른 선택을 하려면 먼저 어떤 사람이 나와 맞는 사람인지 알아야 합니다. 그런데 어떤 사람이 나와 맞는지 아닌지를 알려면 일단 나부터 어떤 사람인지 알아야 하잖아요. 예를 들어보지요.

결혼 4년 차인 미진 씨는 늘 남편과 술 때문에 싸웁니다. 미진 씨는 술을 좋아하는 남편을 이해할 수가 없습니다. 본인이 술을 즐기지 않는 이유도 있지만 미진 씨의 친정아버지가 알코올 중독으로 일찍 돌아가셨기 때문에 술에 대한 트라우마가 있어요. 남편이 술을 마시고 늦게 들어오는 날이면 미진 씨는 잠도 못 자고 극심한 스트레스에 시달립니다. 그런데 미진 씨의 남편 승훈 씨는 그런 아내가 답답하기만 합니다. 승훈 씨는 대학시절부터 친구들과의 술자리가 스트레스를 푸는 유일한 통로였거든요. 무엇보다 승훈 씨는 그렇게까지 술을 끊고 싶은 마음이 없어요. 술을 자주 마시긴 해도 남들보다 딱히 더 마시는 것도 아니고 주사를 부리는 것도 아니니 억울하기만 하죠. 승훈 씨의 로망은 퇴근 후

아내와 포장마차에서 술 한잔 기울이며 이런저런 대화를 나누는 것이었는데, 미진 씨와는 불가능하다고 생각하니 씁쓸합니다.

누구의 잘못이라 말할 수 있을까요? 어느 한쪽의 잘못이라고 말할 수 없어요. 자신과 상대에 대한 이해가 부족하면 이렇게 애초부터 좁히기 어려운 갈등을 안고 결혼하는 거예요. 사람의 욕심은 끝이 없고 그 욕심을 다 만족시켜주는 사람은 없습니다. 그래서 나에게 무엇이 더 중요하고 덜 중요한지를 인식하는 것, 제대로 아는 것이 꼭 필요합니다.

통찰력을 구성하는 두 번째 요소인 '이해하기'는 앞에서 설명한 인식과 조금 다릅니다. 인식이 객관적인 사실 파악이라면 이해는 솔직한 탐색이라고 할 수 있어요. 예를 들어볼게요.

수진 씨는 자유로운 인생을 즐기고 싶어 합니다. 결혼에 얽매여서 한 사람에 정착하고 싶지 않다고 막연히 생각하다 보니 누굴 만나도 진지한 관계로 발전하지 못했습니다. 그러다가 나이가 훌쩍 들었는데, 문득 '결혼을 안 하는 게 아니라 이제 못 하는 것 아닌가?' 하는 생각이 들었습니다. 어정쩡한 독신주의자처럼 지내다가 냉정하게 돌아보니 결혼이 싫었던 것이 아니라 두려웠다는 걸 알게 되었습니다.

수진 씨는 자신을 이해하는 과정을 거치지 않았던 거예요. 스스로의 마음을 솔직히 탐색하지 않았기 때문에 이제 와서 후회하는 거죠. 어떤 선택을 하든 중요한 것은 그것이 내게 맞는 선택인지, 나다운 선택인지 이해하는 일입니다.

세 번째 '학습하기'도 예를 들어 설명할게요. 지호 씨는 술만 먹으면 연락이 되지 않는 남자와 연애 중입니다. 잘나가는 애널리스트인 남자친구는 유머러스한 데다 키도 180센티미터가 훌쩍 넘고 잘생기기까지 해서 겉으로 보면 완벽합니다. 하지만 지호 씨는 연애를 하며 마음 편한 날이 단 하루도 없습니다. 업무상 만나는 여자들도 많지만 술자리에서 알게 된 여자들과도 종종 연락을 주고받는다는 사실을 안 뒤로는 남자친구가 통화를 하러 밖에 나가기만 해도 신경이 곤두서 아무것도 하지 못하고 불안해합니다. 문제는 이런 경험이 처음이 아니라는 데 있습니다. 지호 씨의 연애는 늘 비참하게 끝났습니다. 상대는 지호 씨를 의부증 환자 취급하고 지호 씨는 절망에 빠지는 시나리오지요. 벌써 몇 년째 반복되고 있습니다.

지호 씨는 학습이 안 된 경우입니다. 누구나 실수를 해요. 다만 같은 실수를 반복하는 사람과 실수를 통해 발전하는 사람이 있을 뿐입니다. 지호 씨가 학습에 익숙한 사람이었다면 하염없이 괴로워하지 않고 해결책을 찾아 여러 시도를 해봤을 겁니다. 전 남자친구와의 경험을 떠올리며 시행착오를 점점 줄여갔겠죠. 그러다 효과가 있는 해결방법을 발견하고 그 방법을 심화시키며 관계를 건강하게 개선시켜나갔을 거예요.

"전 이미 통찰력 없는 결혼을 해버렸는데 어쩌죠?"

여러분 중 대다수가 결혼을 앞두고 있거나 결혼을 했을 텐데, 이미 상대를 선택했다면 이런 생각이 들 수 있죠. 사실 많은 사람들이 통찰력 없는 결혼을 하고 후회를 합니다. 안심하세요. 통찰력은 후회를 하는 순간에도 진가를 발휘하니까요. 후회할 만한 결혼을 했다면 여러분 앞에 놓여 있는 카드는 세 가지뿐입니다.

1. 공부해서 상황을 변화시켜본다.
2. 관계를 끝내고 새 인생을 찾는다.
3. 계속 같은 상황에 머무른다.

통찰력이 있다면 위의 세 가지 선택 중 무엇이든 그 선택이 가져올 긍정적이거나 부정적인 결과를 예측할 수 있습니다. 옛 격언 중에 이런 말이 있어요.

'현명한 사람은 불만족스러운 현실을 만족스럽게 바꾼다. 지혜로운 사람은 현실을 받아들여 이에 적응한다. 가장 어리석은 사람은 현실을 바꾸지도 이를 받아들이지도 못한다.'

관계에서 힘든 상황에 놓여 있다면 위의 글귀를 떠올려보세요. 생각을 단순명쾌하게 정리할 수 있습니다. 많은 사람들이 불만족스러운 결혼생활이라는 현실을 바꾸지도, 받아들이지도 못하면서 살아갑니다.

결혼은 어려운 선택의 공간임에 틀림없습니다. 결혼하기로 결정하는 일도, 이미 한 결혼도 어렵기는 마찬가지예요. 그러나 이 어려운 선택들이 결코 고통과 두려움을 뜻하는 건 아닙니다. 진짜 나 자신을 찾아가는 소중한 기회죠. 그러니 좌절 대신 호기심의 프레임으로 주어진 상황을 바라보세요. 어차피 어떤 선택을 하든 모든 삶에는 어려움이 따라붙습니다. 하지만 어려운 결정을 내리기에 앞서 결혼생활에 대해 충분히 공부하고 최선을 다해 노력한다면 문제를 해결해나가는 과정에서 우리는 진짜 자신을 찾을 수 있다는 사실을 기억하시기 바라요.

아무짝에도 쓸모없는 결혼에 대한 환상 걷어내기

결혼의 패러다임이 변하면서 결혼에 대한 비현실적 기대들이 우후죽순 생겨나기 시작했습니다. 이런 삐뚤어진 기대들을 '결혼의 신화'라고 하는데, 이는 자라온 환경이나 문화적 경험, 부모가 자식의 결혼에 대해 가지고 있는 기대나 태도, 또는 또래나 미디어의 영향을 받으면서 더욱 단단하게 굳어집니다.

'결혼하면 지금보단 삶이 더 좋아질 거야' 역시 대표적인 결혼의 신화지요. 많은 사람들이 결혼의 신화에서 벗어나지 못한 채 결혼생활을 시작합니다.

이런 건강하지 못한 결혼관이 부부간 친밀감을 쌓는 데 방해

가 됩니다. 부부간의 불화는 배우자에게 비현실적인 기대감을 갖는 데서 출발하거든요. 비현실적인 기대가 클수록 믿음이 깨졌을 때 엄청난 분노와 실망을 느끼게 마련이고, 뒤이어 촉발되는 비이성적인 행동이 부부 불화를 심화시킵니다. 따라서 건강한 사랑과 행복한 결혼생활을 위해서는 비현실적 기대에서 벗어나야 합니다.

우선 연구자들의 연구 결과를 토대로 결혼의 신화를 다음 18가지로 정리해보았습니다.

1. 결혼하면 상황이 지금보다 더 나아질 것이다.
2. 결혼생활은 모름지기 행복해야 한다.
3. 부부는 항상 함께해야 한다.
4. 부부는 모든 상황에서 서로에게 완벽하게 솔직해야 한다.

5. 행복한 부부는 다투지 않는다. 싸운다는 것은 서로를 미워하기 때문이다.
6. 부부는 동일한 시각으로 모든 문제에 접근해야 하며, 가능한 한 같은 가치관을 가져야 한다.
7. 결혼을 한 이상 이기적으로 굴면 안 되고 개인적인 욕구를 포기해야 한다.
8. 부부 사이에 문제가 생겼을 때 누구의 잘못인지 제대로 밝혀내는 것이 중요하다.
9. 속궁합이 좋으면 부부 금슬이 좋을 수밖에 없다.
10. 부부란 모름지기 시간이 지나면 자연스럽게 상대방의 마음을 꿰뚫게 되므로 배우자가 어떤 생각을 하는지 일부러 확인해볼 필요는 없다.
11. 결혼생활에서 긍정적인 피드백은 크게 중요하지 않다.
12. 결혼을 한 이상 상대가 원하는 모습으로 바뀌는 것이 좋다.
13. 안정적인 결혼은 변화가 없고 문제도 없다.
14. 남편과 아내 역할에 대한 보편적인 기준이 존재한다.
15. 부부관계가 소원할 때 아이를 가지면 관계가 좋아질 수 있다.
16. 부부 사이가 아무리 최악이어도 아이를 위해서는 함께 지내는 편이 좋다.
17. 원만하지 않은 결혼생활은 연인이나 새로운 배우자로 치유될 수 있다.
18. 별거와 이혼은 결혼생활의 실패를 의미한다.

위의 18가지 신화 중 몇 가지나 믿고 있나요? 남편 또는 아내와 함께 얼마나 많은 신화를 믿고 있는지 서로 공유해보세요. 그럼 각각의 신화를 하나씩 깨보겠습니다.

1. 결혼하면 지금보다 상황이 더 나아질 것이다.

직업적·경제적·사회적 상황이 좋지 못할 때 또는 부모와 문제가 있을 때 결혼이 답이라고 생각하는 사람들이 많습니다. 슬프게도 결혼은 결코 답이 되지 못해요. 결혼을 했는데도 상황이 나아진 게 없다며 괴로워만 하고 있다면 결혼생활은 더 깊은 불화의 늪으로 빠지고 말 것입니다. 배우자는 결혼 전 어려웠던 상황을 좋게 바꾸는 마법사가 아닙니다. 오히려 왜 그런 문제를 떠안고 결혼했느냐며 원망할 가능성이 더 큽니다. 결혼 전의 문제는 결혼 후에도 계속 부부 곁에 남아 있습니다.

2. 결혼생활은 모름지기 행복해야 한다.

행복이 결혼을 통해서 완성된다고 믿는 사람들이 있습니다. 이들에게 행복하지 않은 결혼 또는 배우자의 사랑을 받지 못하는 것은 곧 인생의 실패를 의미하지요. 따라서 본인이 생각하는 이상적인 결혼의 모습에서 조금만 벗어나도 쉽게 불안해집니다. 결혼과 행복을 동일시하는 한 행복은커녕 커다란 불행이 기다리고 있을 뿐입니다. 결혼이 곧 행복의 전부라는 왜곡된 프레임에서 벗어나 결혼을 '성장'하는 과정으로 바라볼 때 비로소 건강한 결혼생활이 가능합니다.

3. 부부는 항상 함께해야 한다.

일 외의 시간은 무조건 가족과 함께 보내야 행복한 부부라고 생각하는 것 역시 잘못된 믿음입니다. 이런 믿음은 배우자를 질식시키죠. 부부는 각자 고유성과 독립성을 가지면서 동시에 하나로 결속되어야 하는 독특한 관계입니다. 각자의 영역이 있다는 것을 인정하고, 각자의 시간과 사생활을 존중해줄 필요가 있습니다.

4. 부부는 모든 상황에서 서로에게 완벽하게 솔직해야 한다.

부부 사이에서 완벽하게 솔직한 것이 가능할까요? 하물며 자기 자신에게도 솔직하지 못한 게 인간인데요. 이런 잘못된 믿음이 강하면 배우자에게 작은 비밀이 있거나 배우자가 별것 아닌 거짓말을 했을 때조차 세상이 무너진 듯 괴로워하지요. 기억하세요. 때로는 솔직함이 독이 되는 경우도 있습니다. 배우자에게도 나에게 말하기 싫은 무언가가 있다는 것을 인정해야 합니다.

5. 행복한 부부는 다투지 않는다. 싸운다는 것은 서로를 미워하기 때문이다.

죽고 못 사는 부부도 싸웁니다. 싸움 자체로 부부의 행복을 판단할 수 없어요. 격렬하게 싸우고 격렬하게 사랑하는 커플도 많으니까요. 배우자가 싸움을 거는 이유가 당신이 미워서가 아니라 당신을 필요로 하기 때문이라는 사실을 이해하는 것이 중요합니다.

6. 부부는 동일한 시각으로 모든 문제에 접근해야 하며, 가능한 한 같은 가치관을 가져야 한다.

가치관이 비슷하다면 좋겠지만 그래야만 행복한 결혼생활을 영위할 수 있는 것은 아닙니다. 해결해야 할 수많은 문제 앞에서 부부가 늘 의견이 같을 수는 없지요. 다른 게 정상입니다.

7. 결혼을 한 이상 이기적으로 굴면 안 되고 개인적인 욕구를 포기해야 한다.

결혼했다고 해서 개인적인 욕구를 포기해야 한다는 것은 잘못된 생각입니다. 행복한 부부는 각자의 욕구를 이해하고 이를 충족시키기 위해 서로 노력합니다.

8. 부부 사이에 문제가 생겼을 때 누구의 잘못인지 제대로 밝혀내는 것이 중요하다.

부부싸움은 스코어를 따지는 농구경기가 아닙니다. 시시비비를 가리는 것은 둘 다 지는 게임이죠. 배우자의 명백한 잘못을 밝혀내는 것이 관계 개선에 별 도움이 되지 않는다는 겁니다. 오히려 더 부정적인 영향을 끼치는 경우가 많아요. 중요한 것은 잘잘못을 밝혀내는 것이 아니라 부부가 그 문제에 대해 서로 어떻게 접근하고 반응하는가입니다.

9. 속궁합이 좋으면 부부 금슬이 좋을 수밖에 없다.

성관계는 행복하고 열정적인 결혼을 위해 굉장히 중요한 요소입니다. 하지만 성적 만족도가 높다고 반드시 부부관계가 좋은 것은 아니에요. 아메리칸대학교의 성교육 전문가인 베리 매카시Barry McCarthy와 그의 아내 에밀리 매카시Emily McCarthy의 연구에 따르면 결혼에 만족하는 부부는 성생활이 결혼생활에 영향을 끼치는 정도가 15~20퍼센트라고 답한 반면, 불화 부부는 불화를 유발하는 원인 중 성생활이 50~70퍼센트나 차지한다고 답했습니다. 불화가 심각한 부부일수록 거꾸로 성 문제에 집착하고 이에 대한 불안 정도가 높다는 것을 의미합니다. 정서적 친밀감이 쌓이면 성적 접촉은 자연스레 일어납니다.

10. 부부란 모름지기 시간이 지나면 자연스럽게 상대방의 마음을 꿰뚫게 되므로 배우자가 어떤 생각을 하는지 일부러 확인해볼 필요는 없다.

나도 잘 모르는 내 마음을 어떻게 배우자가 알겠어요? 말하기 전엔 결코 알지 못합니다. 자신이 원하는 것을 분명하고 구체적으로 표현하는 훈련을 해보세요.

11. 결혼생활에서 긍정적인 피드백은 크게 중요하지 않다.

배우자를 칭찬하는 데 인색한 사람들이 있습니다. 이런 사람들은 잘못된 부분에 대해서는 제대로 알려줘야 고친다고 생각하지요. 그렇게 해서 상대가 바뀐다면 얼마나 좋겠어요. 존 가트맨 박사의 연구에 따르면 부정적인 말을 한 번 했다면 긍정적인 말을 최소한 다섯 번 이상 해야 심각한 갈등을 피할 수 있다고 합니다.

12. 결혼을 한 이상 상대가 원하는 모습으로 바뀌는 것이 좋다.

결혼서약서는 배우자를 마음대로 개조해도 된다는 허가증이 아닙니다. 일단 그렇게 되지도 않겠지만, 상대가 바뀌는 것처럼 보인다면 상대가 분노, 우울, 무기력 등의 부정적인 감정을 쌓아두고 있을 가능성이 큽니다. 언젠가는 폭발할 위험한 감정입니다.

13. 안정적인 결혼생활은 변화가 없고 문제도 없다.

결혼생활은 살아 움직이는 유기체와 같습니다. 언제 어떤 상황이 닥쳐도 이상하지 않은 게 바로 결혼생활이죠. 변화하는 환경에 유연하게 대처하는 것이 안정적인 결혼생활입니다.

14. 남편과 아내 역할에 대한 보편적인 기준이 존재한다.

남편과 아내가 해야만 하는 보편타당한 역할 목록은 있을 수 없습니다. 무엇이든 '당연히 해야 한다'는 생각에서 자유로워지세요.

15. 부부관계가 소원할 때 아이를 가지면 관계가 좋아질 수 있다.

둘이서도 쌓기 힘든 정서적 친밀감을 육아를 하면서 쌓을 수 있을까요? 어렵습니다. 둘이 함께하는 시간의 양과 질이 확연히 떨어져 사이가 좋던 부부도 나빠지는 경우가 태반이죠. 2010년 여성가족부 조사에 따르면 부부 불화의 가장 큰 이유는 자녀문제와 경제문제인 것으로 나타났습니다. 간혹 아이가 생기고 결혼생활이 더 나아졌다고 하는 부부들이 있는데, 이런 경우는 대부분 부부관계 자체가 좋아졌다기보다 양육이라는 공동의 목표가 생겼기 때문일 가능성이 큽니다. 이런 가족의 방향성은 부부 중심이 아니라 아이 중심이 되는데, 이렇게 되면 자녀문제에서 갈등이 발생했을 때 회복하기 어려운 상태에 놓이거나 아이들이 독립했을 때 묵혀두었던 갈등이 폭발할 수 있어요.

16. 부부 사이가 아무리 최악이어도 아이를 위해서는 함께 지내는 편이 좋다.

이혼을 하고 싶지만 아이를 위해서 참고 산다는 부부가 많습니다. 그러나 심각한 갈등 속에서 아이를 키우는 것보다는 차라리 이혼을 하는 것이 아이에게 더 긍정적일 수 있다고 합니다. 불화 속에서 자라는 아이는 고층빌딩 꼭대기에서 끊어질 것 같은 줄을 붙잡고 대롱대롱 매달려 있는 불안감을 느낍니다.

17. 원만하지 않은 결혼생활은 연인이나 새로운 배우자로 치유될 수 있다.

부부관계에서 외도가 활력소가 된다고 믿거나 재혼을 돌파구로 여기는 경우가 있습니다. 하지만 다른 사랑에 빠지는 경험을 해도 그 사람과 같은 문제가 반복될 확률이 높아요. 배우자가 아닌 다른 사랑을 찾아 헤매는 것보다 피곤하고 허무한 일은 없습니다. 사랑은 가정에서 시작되어야 건강합니다.

18. 별거와 이혼은 결혼생활의 실패를 의미한다.

때로는 이 악물고 견디는 것보다 이혼이 답인 경우가 있습니다. 별거가 부부의 사랑을 확인하는 계기가 되기도 하고요. 되레 별거와 이혼을 무조건 배척하는 것 자체가 부담을 갖게 하여 갈등을 부추기지요. 별거나 이혼에 대해 더 유연하고 개방적인 인식을 갖는다면 부부갈등으로 인한 정신적 스트레스를 줄일 수 있습니다.

부부가 함께 겪는 다섯 단계의 인생 주기

모든 사람은 출생에서 죽음에 이르는 과정을 거치죠. 결혼생활도 예측 가능한 일련의 과정이 있습니다. 이것을 '결혼생활 주기'라고 하는데요, 독립기·형성기·확대기·축소기·후부모기로 이루어집니다. 결혼생활 주기에 관한 연구들은 대체로 유자녀 가정을 전제로 이루어졌기 때문에 최근의 다양한 가족 형태를 반영하지는 못하지만, 결혼생활의 흐름을 이해하는 데는 도움이 됩니다.

독립기 ➜ 형성기 ➜ 확대기 ➜ 축소기 ➜ 후부모기

결혼 전 시기인 독립기는 결혼생활 주기의 첫 단추가 꿰어지는 중요한 단계입니다. 바로 성인이 되어 원가족들과 분리되는 시기이기 때문이죠.

이 시기의 가장 중요한 과제는 원가족에서 건강하게 분화되는 일입니다. 그래야 다음 단계를 원만하게 밟을 수 있기 때문이죠. 이 시기에 정신적·신체적·사회적·경제적으로 충분히 독립했느냐 아니냐에 따라 이후 결혼생활의 양상은 드라마틱하게 달라질 수 있습니다.

아이를 낳고 중년이 되어도 아직 이 과제를 해결하지 못한 사람이 많습니다. 독립기 예비부부들의 주요 과제는 자신의 흥미를 찾고 직업적 목표를 탐색하는 것입니다. 자기관리와 먹고사는 문제가 해결되지 않으면 결국 누군가에게 의지할 수밖에 없으니까요. 정신적으로 여전히 부모의 영향력에서 벗어나지 못해서 나타나는 대표적인 문제가 고부갈등, 장서갈등입니다.

형성기는 본격적으로 결혼에 돌입하는 시기입니다. 배우자를 선택하고 결혼을 준비하고 신혼생활을 시작하는 등 인생의 큰 변화를 맞이하게 되죠. 이 시기는 부부간 정체감을 확립하는 시기로 조금 특별한 기술들이 요구됩니다. 그 기술들은 본래 없었던 능력이기에 어쩔 수 없이 노력해서 개발해야 합니다.

형성기에서 중요한 것은 바로 상호성을 발달시키는 일입니다. 상호성은 서로의 기대를 탐색하고 부부만의 의사소통 패턴을 정하며, 갈등이 생겼을 때 해결법을 찾아가는 일련의 과정을 뜻합니다. 상호성에서 중요한 것은 결속과 자율성의 균형인데요, 정신과 의사인 리 콤브린크그레이엄 Lee Combrinck-Graham은 가족 구성원들이 결속과 자율성을 왕복하며 균형을 맞춰간다고 했습니다. 쉽게 말해 부부가 '따로 또 같이'의 균형이 맞아야 한다는 겁니다. 이게 참 쉽지는 않죠. 서로 적당한 거리를 맞추려는 노력이 필요합니다.

형성기에는 부부간의 헌신을 발달시키는 것이 중요합니다. 이때의 '헌신'은 무조건적인 희생을 뜻하는 것이 아닙니다. 헌신은 부부의 친밀감을 일순위로 두겠다는 의지이자 약속이니까요.

만족스러운 결혼생활을 하는 부부들의 공통된 특징은 사려 깊고 친절하게 행동하며 칭찬의 수준이 매우 높다는 것입니다. 헌신을 실천하는 가장 좋은 방법은 상대가 좋아하는 행동을 먼저 하는 것인데, 그러려면 상대가 원하는 것이 무엇인지 제대로 알아야겠죠? 《부부, 심리학에게 길을 묻다》에 실린 가족심리 전문가 케빈 리먼Kevin Leman 박사의 임상 연구에 따르면 아내와 남편이 원하는 것에는 큰 차이가 있습니다.

아내에게 가장 중요한 것은 사랑받고 있다는 느낌입니다. 때문에 가족을 먹여 살리기 위해 죽어라 헌신만 하는 남편은 정작 가장 중요한 것을 충족시켜주지 못한 셈이에요. 아내가 사랑받는다는 느낌을 받지 못하면 어떤 일이 벌어질까요? 초반에는 남편의 사랑을 확인하려고 애를 씁니다. 그러나 뜻대로 안 되면 의심과 불만으로 공격하기 시작합니다. 남편은 이유를 모른 채 이렇게 생각하죠.

'왜 이 여자는 허구한 날 의심하고 불평만 늘어놓는 거지? 내가 부족한 놈이라는 걸 매일 확인시켜줘야 직성이 풀리나? 에라, 말을 섞지 말자.'

아내의 공격을 잠재우는 '꿀팁'은 간단합니다. 애정을 표현하고 공감하는 대화를 하면 됩니다. 아내가 남편 핸드폰을 몰래 보며 의심하거나 불안해하는 스타일이라면 해결책은 더욱 명확합

- 아내가 남편에게 원하는 것
1순위 : 애정
2순위 : 솔직한 대화
3순위 : 가족에 대한 헌신

- 남편이 아내에게 원하는 것
1순위 : 아내의 존경(인정)
2순위 : 필요한 존재가 되는 것
3순위 : 성적 충족감

니다. 애정 표현을 통해 친밀감을 회복하면 돼요. 안타깝지만 다른 방법이 없습니다.

그럼 남편들은 언제 아내에게 친밀감을 느낄까요? 자신이 원하는 3종 세트를 남편에게 듬뿍 주면 남편이 좋아할까요? 전혀 아니죠. 남편들이 원하는 것은 아내들이 원하는 것과는 완전히 다릅니다.

남편들에게 중요한 것은 인정받는다는 느낌입니다. 남편을 인정하고 존중한다는 것은 대체 무엇일까요? 다정한 말투 사용하기, '똥고집'을 부려도 두말 않고 따라주기, 뭔가를 부탁할 땐 딱 한 번만 말하기 등입니다. 유치하다고요? 기혼자들은 알겠지만 이게 결코 쉬운 일이 아니에요. 짜증만 유발하는 남편을 존중하기란 거의 득도 수준이잖아요. 반대로 생각하면 남편 입장에서 아내가 원하는 애정을 주는 것도 그 정도로 어렵습니다. 어렵기는 피차 마찬가지니 함께 노력해야 하는 것들이죠.

형성기를 지나면 완전히 새로운 세계가 펼쳐집니다. 바로 육아월드! 확대기입니다. 형성기의 과제를 훌륭하게 소화해낸 부부라 할지라도 확대기는 힘들 수 있습니다. 실로 많은 것이 요구되는 시기거든요. 따라서 이전 단계들에서 필요한 일들을 적절하게 해내지 못한 채 형성기로 진입했다가는 과부하가 걸립니다. 주변을 보면 안타깝게도 이 시기에 과부하가 걸리는 부부가 많을 겁니다. 엉킨 실타래처럼 무엇이 문제인지 어디서부터 풀어가야 할지 감도 못 잡는 난감한 상황이 되어버리는 거죠.

자녀를 길러야 하는 단연코 가장 어려운 시기인 형성기의 중요한 과제는 부모됨을 받아들이고 두 사람에서 세 사람 구조로 적응하는 일입니다. 아이를 기르면서 크나큰 기쁨도 느끼지만 동시에 외로움, 불안, 우울, 두려움, 긴장 등과 같은 부정적인 감정들을 경험합니다. 오죽 힘들고 억울했으면 천사 같은 아기를 기르는 일에 '독박'이라는 수식어가 붙었겠어요. 특히나 주 양육자인 아내들이 받는 정신적·육체적 스트레스를 나열하자면 책 한 권으로는 모자랄 것입니다.

내 마음과 배우자의 마음이 얼마나 준비되어 있는지 살펴보세요. 한쪽에서 준비가 되지 않았다면 이해하고 기다려줄 필요도 있어요. 누구나 처음부터 다 잘할 수는 없으니까요. 본인이 준비가 되지 않았다고 느껴져도 절망하지 마세요. 성장하는 것은 아이만이 아닙니다. 부모로서, 배우자로서, 또 한 개인으로서 우리도 계속 성장하고 있는 거니까요.

양육기와 십대 자녀기를 포함한 확대기는 단언컨대 가장 힘든 단계입니다. 힘든 시간을 보내고 계신가요? 한꺼번에 해결하려고 덤벼들다 보면 오히려 부작용이 생깁니다. 할 게 많다고 너무 좌절하지 말자고요. 하루에 뚝딱 할 수 있는 일이 아닙니다. 평생을 걸쳐 해나갈 과제예요.

3장

행복한 부부의 조건, 정서적 독립

진짜 어른이 된다는 건

몸만 어른인 상태에서 결혼하는 많은 커플들이 있습니다. 아직 독립된 한 가정을 꾸릴 심리적 준비가 되지 않은 어른들이죠. 진짜 어른으로서 독립된 가정을 꾸리기 위해서는 무엇이 필요할까요? 심리학에서는 그 조건 중 하나로 '자아분화'라는 개념을 꼽습니다. 건강한 결혼 생활을 하려면 꼭 알아야 하는 개념이므로 자세히 살펴보도록 하겠습니다.

인간은 혼자서 생존할 수 없지요. 따라서 살아남기 위해 집단적 생존을 선택해왔습니다. 뼛속 깊이 사회적인 동물인 것입니다. 인간만 그런 것은 아니에요. 개미나 벌, 물고기와 같은 상대적으로 약한 개체들을 보면 마치 한 몸이라도 되는 듯이 집단적으로 움직이는 것을 볼 수 있습니다. 뭉쳐야 살 수 있기 때문이죠. 인간도 마찬가지입니다. 그래서 우리의 DNA는 끊임없이 사회적 관계와 연결되고자 하는 연합성을 가지고 있습니다.

하지만 인간이 개미와 다르게 독특한 점은 연합성만 추구하는 것이 아니란 것입니다. 인간은 타인과 연결되려는 본능을 가지고 있으면서, 반대로 독립된 한 인간으로 존재하려는 개별성도 추구합니다. 얼핏 보면 공존할 수 없을 것 같은 두 가지를 모두 추구하는 것이 인간입니다.

그러니까 인간은 솔로 퍼포먼스와 팀플레이가 가능하게끔 진화되어 온 특별한 종인 것이죠. 이 두 가지 매우 상이한 힘이 조화를 이룰 때 인간은 건강하게 성장할 수 있고, 어른다운 어른이 되었다고 보는 것입니다. 참으로 키우기 어려운 동물이죠?

이러한 인간의 복잡한 기질은 부부생활에서도 복잡하게 적용됩니다. '따로 또 같이'라는 말이 진리로 통용되는 관계가 부부니까요. 결혼생활에서 매우 중요하게 작용하는 연합과 개별성의 조화, 어떻게 하면 잘할 수 있을까요?

갓 태어난 아이에게는 아직 자아가 없습니다. 당연해요. 우리는 원래 엄마와 한 몸이었으니까요. 자궁 안의 태아는 탯줄로 엄마와 연결되어 있지요. 엄마가 먹는 음식, 엄마가 느끼는 감정을 태아는 고스란히 전달받습니다. 최초의 분리는 출생의 과정에서 탯줄이 잘리며 시작되지만 아직 갓 태어난 아기에게 자아는 없습니다. 엄마와 심리적 융합 상태인 것입니다. 엄마가 웃으면 아기도 웃습니다. 엄마가 슬프면 아이도 슬프고, 엄마가 좋으면 아이도 좋아요. 엄마의 감정이 곧 나의 감정이 됩니다.

하지만 아이가 자라서 분리 불안을 해소하게 되면 점차 독립성을 추구하는 자아분화를 시작합니다. 3세 무렵 1차로 자아분화가 시작되면서 엄마 껌딱지였던 아이는 점차 엄마와 떨어져서 노는 것이 가능해지고, 사춘기가 되면 정신적인 분화인 2차 자아분화가 이루어집니다. 부모의 가치관과 생각, 감정에서 벗어나 나만의 세계를 만드는 시기입니다.

잦은 부부 싸움을 하거나 환경적으로 불안정한 가정에서는 늘 불안과 긴장이 맴돕니다. 이렇게 되면 아이는 부모의 불안을 흡수하며 가족 안으로 더욱 깊숙이 융합됩니다. 불안하니까 뭉칠 수밖에 없는 거죠. 가족 내에 불안의 수치가 높을수록, 가족 구성원들은 더 연합하게 되고 개별적인 부분은 줄어들게 됩니다.

연합성이 너무 크거나, 반대로 개별성이 너무 크면 성장하며 관계 안에서 다양한 어려움을 겪게 됩니다. 중요한 것은 연합성과 개별성의 조화니까요.

고부갈등을 겪는 가정을 잘 들여다보면 며느리와 시어머니의 관계 문제도 이유가 되지만 남편이 정서적인 독립을 못 한 이유도 한몫할 때가 많습니다. 이런 가정은 시부모님끼리의 사이가 좋지 않은 경우가 대부분인데, 남편은 어릴 적 이러한 부모님 밑에서 연합성과 개별성을 균형 있게 발달시키지 못했을 것이기 때문이죠.

"우리 애는 사춘기 한 번 겪지 않고 착하게 컸어요. 얼마나 기특한지 몰라요."라고 자랑하는 부모님들이 있습니다. 하지만 자녀가 사춘기를 겪지 않았다는 것은 자랑이 아닙니다. 분화가 균형있게 이루어지지 않았다는 의미이니까요.

진짜 어른다운 어른이 되었다는 건 자아분화가 잘 이루어져 연합성과 개별성의 조화를 이루고 있다는 것을 뜻합니다. 자아분화가 잘 이루어졌을 때 원가족으로부터 정서적으로 독립해 한 가정을 꾸릴 준비가 되었다고 말할 수 있는 것입니다.

정서적 독립의 두 가지 조건

착한 아들, 착한 딸이 반드시 좋은 배우자가 되는 건 아닙니다. 남편 A는 분명 착한 아들이고, 좋은 사람이지만 좋은 배우자라고 보기는 어렵습니다. 정서적인 독립이 되지 않은 상태이기 때문이죠. 정서적 독립은 곧 원가족으로부터 적절한 경계를 세우면서 유연한 관계를 유지하는 것을 뜻합니다. 정서적 독립이 되려면 두 가지 분화를 충족해야 합니다.

첫째, 내적 분화입니다. 내적 분화는 생각과 감정을 분리할 수 있는 능력을 뜻합니다. 즉 엄마의 생각과 감정이 나의 것이 아니라는 것에서 출발하여 나아가 감정과 생각까지 분리할 줄 아는 능력입니다.

둘째, 대인적 분화입니다. 대인적 분화는 타인, 특히 원가족과 단절되지 않으면서도 독립된 자아를 가지는 능력을 뜻합니다. 쉽게 말해 원가족과 적절히 분리되면서도 여전히 좋은 관계를 유지하는 능력이죠. 이 내적 분화와 대인적 분화를 합쳐 자아분화differentiation of self라고 합니다.

자아분화는 가족치료 선구자인 머레이 보웬이 제시한 개념으로, 아이가 어머니와의 융합에서 벗어나 자신의 자주성을 향해 나아가는 장기적인 과정을 뜻합니다. 정서적 독립이 되지 않았다는 것은 곧 연합성과 개별성의 조화를 이루지 못하고 분화가 되지 않았다는 것을 의미합니다.

따라서 자아분화 수준이 낮은 상태에서 결혼을 했다면 배우자와 필연적으로 어려움을 겪게 되고, 고부갈등이나 장서갈등이 발생할 확률도 높아집니다. 원가족과의 융합은 물리적으로 멀리 떨어져 사는 것과는 관계가 없습니다. 완전히 독립한 것처럼 보일지 몰라도 심리적으로 분화를 이루지 못했다면 여전히 원가족과 강하게 융합된 상태인 겁니다.

부모의 불안은 고스란히 아이에게 전달된다

이 분화의 과정은 눈에 보이지 않지만 원가족 안에서 무의식적으로 이루어지는데 이때 아이들의 분화를 가로막는 것이 있습니다. 바로 부모의 불안입니다. 부모들의 불안이 크고, 관계가 건강하지 못하면 아이는 자신의 생각과 감정을 분화시키지 못하고 부모와 융합하게 됩니다.

"흑흑, 엄마는 너 때문에 사는 거야. 아빠는 정말 엄마를 힘들게 하는구나. 네가 빨리 커서 아빠 좀 말려주렴."

엄마에게 이런 얘기를 자주 들은 아이는 어릴 때 아빠를 싫어하며 자라게 됩니다. 아이의 눈에는 아빠가 엄마를 힘들게 하는

분화가 잘된 가족 vs 역기능적 가족

사람일 뿐이니까요. 엄마의 불안한 감정과 생각이 강할수록 그것은 아이에게 고스란히 전달되고 아이가 자신의 생각과 감정을 느끼는 것을 방해합니다.

불안과 더불어 보웬 이론에서 중요한 개념은 핵가족 정서체계입니다. 쉽게 말해 한 가족 구성원의 생각과 감정, 행동이 다른 가족 구성원에게 영향을 미친다는 의미입니다.

평화롭게 풀을 뜯고 있는 목장의 소 떼를 생각해보죠. 그중 한 마리의 소가 전기 울타리에 닿아 울부짖고 있는 상황이 발생했고 그 소는 매우 불안한 상태입니다. 이때 같은 울타리에 있는 다른 소들에게 그 불안이 전달되는 데 얼마의 시간이 걸릴까요? 답은 거의 즉시입니다. 최초의 소가 불안을 느끼는 동시에 다른 소들도 그 불안을 흡수한 것이죠. 같은 울타리 안에 있는 소들은 따라서 같은 정서적 체계 안에 있다고 볼 수 있습니다.

반면 멀리 떨어진 다른 울타리 안의 소들은 거의 영향을 받지 않습니다. 호기심을 가지고 바라보거나 약간 초조해질 수는 있지만요. 이 소들은 다른 정서적 체계인 것이죠.

가족도 마찬가지입니다. 가족 내 한 사람이 스트레스를 받으면 같은 울타리의 소 떼 마냥 모두가 불안해집니다. 다시 말해 가족 한 사람의 불안은 빠르게 다른 가족 구성원에게 전달된다는 것입니다. 특히 부모의 불안이 자녀에게 빠르게 전달되죠.

불안이 높을수록 가족들은 융합하고 구성원들의 자아분화 수준은 낮아집니다. 이런 가정의 아이는 언제나 "엄마가 싫은 건 나도 싫어. 아빠 미워!"라고 울게 되는 겁니다. 자신의 생각과 감정을 느낄 수 있는 능력은 진짜 나로 살기 위해 반드시 필요한 능력인데 융합이 강하면 진짜 나의 감정과 생각을 탐색할 여유가 없으므로 결국 내가 아닌 타인의 삶을 살게 되는 것입니다.

"지금 기분이 어때? 왜 기분이 나쁜 거야?"라고 물었을 때 "아, 몰라. 그냥 화나고 짜증 나."라고 대답하는 사람은 자신의 생각과 감정을 모른 채 살아가는 셈입니다. 이렇게 되면 부부 간의 소통이 어려워지는 건 불 보듯 뻔한 일입니다. 나도 모르는 내 마음을 상대에게 표현할 수 없는 노릇이니까요. 부부관계뿐 아니라 다른 관계에도 균열이 생깁니다. 더 큰 문제는 진짜 내가 원하는 삶을 살기 어렵다는 것이지요. 내 감정과 생각, 욕구를 자각하지 못하는데 어떻게 원하는 삶을 찾아갈 수 있을까요. 간단히 생각할 문제가 아닙니다. 나를 위해서도 행복한 결혼 생활을 위해서도 자아분화를 높이려는 노력해야 합니다.

정서적 독립을 한 사람들의 특징

정서적인 독립을 한 사람들은 자아분화의 수준이 높은 사람이라고 볼 수 있습니다. 그렇다면 자아분화 수준이 높은 사람은 어떤 특징을 가지고 있을까요?

자아분화가 잘 된 사람은 자제력이 있고 객관적입니다. 느낌만으로 의사결정을 내리지 않으며 높은 자율성을 가지고 독립적인 의사결정을 할 수 있지요. 반면 자아분화가 잘 되지 못한 사람은 확고한 자아를 발달시키지 못한 채 성인이 됩니다. 따라서 쉽게 불안해지고 무엇인가를 스스로 결정하는 것이 힘들며 타인의 시선에 지나치게 신경을 쓰는 경향이 있습니다.

견고한 자아보다는 거짓 자아가 자치하는 비중이 높아 일관된 신념을 갖지 못하고 상황에 따라 이랬다 저랬다 하는 모습을 보이며 말과 행동이 일치하지 않고 모순되는 경우가 많기도 하지요. 이성적 사고가 아닌 감정에 따른 의사결정을 하는 경향이 있으며 부부관계뿐 아니라 다른 관계를 맺는데도 어려움을 겪습니다.

보웬의 분화 척도를 좀 더 자세히 살펴보며 정서적 독립을 한 사람들의 특징에 대해 알아보겠습니다. 보웬은 자아분화의 범위를 4가지로 구분했으며 그 범주에 해당하는 사람들의 특징을 다음과 같이 설명했습니다.

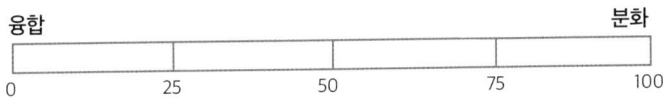

분화지수 (0~25)

- 가족 및 다른 사람들에게 정서적으로 융합되어 있으며 자기 주관이 없음.
- 주위 사람들의 감정이나 반응에 민감하고 의존적임.
- 대인 관계를 오랫동안 지속하는 것이 어려움.
- 긴장이나, 스트레스 상황에 적응하지 못하고 타인에게 심한 정서적 애착을 보임.
- 자신의 욕구가 충족되지 못할 때 불안해함.
- 삶의 에너지를 대부분 다른 사람의 인정을 받고자 하는 데 쓰임.

- 불안 정도가 높고 스트레스 상황에서 감정 기능이 사고 기능을 지배함.
- 쉽게 상처받음.

분화지수 (25~50)

- 융합의 정도가 심하지 않으나 생활이 관계 지향적임.
- 거짓 자아가 높고 감정 조절에서 어려움을 자주 느낌.
- 자기신념과 의견은 있으나 긴장과 스트레스 상황에서 영향을 받아 쉽게 변화함.
- 타인이 인정해주면 자신이 괜찮은 사람인 것 같고 타인이 인정해주지 않으면 형편없는 사람으로 여김.
- 감정 표현에 예민하고 다른 사람의 분위기, 표현, 자세를 해석하는 데 예민함.
- 감정적인 대응, 충동적 행동을 하는 경향이 있음.
- 자신의 가치를 다른 사람의 평가와 인정에 의존함.
- 다른 사람이나 집단에 쉽게 영향을 받음.
- 전 단계와 차이점은 더 분화될 수 있는 잠재력을 가지고 있음.
- 학습이나 심신 수련, 명상 등을 통하여 분화할 수 있는 가능성이 충분함.

분화지수 (50~75)

- 비교적 분명한 신념을 갖고 독립적인 의사결정이 가능함.
- 보통 자아분화 수준으로 스트레스가 발생해도 감정에 지배당하지 않을

만큼 사고가 충분히 발달되어 있음.
- 자의식이 잘 발달되어 있어 자율적이고 독립적으로 의사결정을 함.
- 다른 사람과 융합되지 않으면서 밀접한 관계를 유지하고 목표 지향적 활동을 함.
- 지적 기능이 크고 감정, 이성 조절이 쉬우며 타인과의 갈등에서 회복이 빠름.

분화지수 (75~100)
- 자기 삶에 대한 확고한 신념과 분명한 가치를 지님.
- 최상의 리더십을 보유함.
- 보편적으로 일반인에게서는 보기 어렵고 깊은 심신 성숙을 이룬 종교인들에게서 보임.
- 높은 자아분화 수준으로 사고와 감정이 분리되어 있고 높은 수준의 독립성을 가지며 거의 완전한 성숙 수준에 이름.
- 75~95 정도는 자신의 가치관의 신념이 뚜렷하고 다른 사람의 관점에 귀 기울일 줄 알고 다른 사람의 비난이나 칭찬에 좌우되지 않으며 자신과 타인에 대한 기대가 현실적이고 적절한 현실감과 이상에 대한 예민한 감각을 가짐.
- 95 이상은 현실적으로 드물며 하나의 가상적이고 이론적 상태일 뿐임.

어떠신가요? 배우자의 자아분화 수준이 낮다고 비난할 필요도 자신의 자아분화 수준이 낮다고 좌절할 필요도 없었죠.

분화의 수치가 높을수록 정서적인 독립을 했다고 볼 수 있겠지요. 0에 해당할 만큼 나쁘거나 100에 해당할 만큼 좋은 사람은 아무도 존재하지 않습니다. 사람들은 실제로 이 스펙트럼 사이 어딘가에 존재하는데 보웬에 따르면 인구 대부분이 30 이하에 흩어져 있으며, 50인 사람 역시 흔치 않다고 합니다. 또한 여기서 분화의 수준이 낮다는 것은 지적 능력이나 사회경제적 수준과는 전혀 관계가 없습니다. 즉 사회적으로 성공했다 하더라도 자아분화 수준이 낮을 수 있는 것입니다.

자아분화와 결혼 만족과의 관계에 대한 연구들을 보면, 자아분화가 낮은 경우 자신의 불행이 상대방의 책임이라고 생각하는 경향이 있는 것으로 나타났습니다. 그래서 부부문제를 해결하기보다 서로에게 책임을 전가하는 행동을 하게 되죠. 뿐만아니라 자아분화 수준이 낮으면 부부가 말을 섞을수록 사이가 안 좋아집니다. 그럴 수밖에 없죠. 이성적으로 생각하기보다 감정에 치우쳐 충동적으로 말과 행동을 하기 때문에 갈등이 늘어날 수밖에 없고 이 갈등을 해결하지 못한 채 불행한 결혼 생활을 지속하게 되는 것이죠.

반면, 자아분화가 잘 된 사람은 결혼에 대한 기대와 실제의 차이를 현실적으로 가늠할 수 있고 갈등을 회피하거나 상대를 공격하는 대신 문제를 직면하면서 효율적으로 대처하는 모습을 보였는데 이는 충동적인 감정에 좌우되지 않고 객관적으로 사고할 수 있는 능력이 있기 때문입니다. 배우자의 감정에 대해 공감하면서 부부간 의사소통이 원활한 것으로 나타났죠. 또한 심각한 스트레스 상황에서도 감정적으로 대처하지 않고 이성적, 자율적, 주체적으로 대처할 수 있기 때문에 결국 더 나은 대안을 찾게 됩니다. 잠시 시간을 내어 나와 배우자의 자아분화 수준이 어느 정도인지 생각해보는 건 어떨까요?

그래서 정서적 독립을 어떻게 하는 건데요?

머레이 보웬에 따르면 인간은 자아분화 수준이 비슷한 사람에게 끌리며 대물림될 확률도 높다고 합니다. 따라서 자아분화 수준이 낮다면 의식적으로 그것을 높이기 위해 노력해야 합니다. 결혼을 했다면 부부의 분화 수준을 함께 높여가려는 노력이 필요합니다. 그래야 정서적 빈곤의 대물림을 끊어낼 수 있을 테니까요.

자아분화 수준이 둘 다 낮다면 어떻게 해야 자아분화 수준을 높여서 정서적 독립을 이룰 수 있을까요? 자아분화는 크게 기본적 수준과 기능적 수준으로 나뉘는데 기본적 수준의 자기 분화는 청소년기까지 발달되며, 보통 그 발달의 수준이 이후 꾸준히 유지됩니다. 반면 기능적 수준의 자기 분화는 삶의 다양한 사건들과 인과관계의 경험으로 성인이 되어서도 바뀔 수가 있지요. 어린 시절 자아분화를 이루기 어려운 환경에서 자랐다고 할지라도 성인이 되어 어린 시절 상처를 치유하며 자아분화는 얼마든지 높아질 수 있는 것입니다.

자아분화를 높이는 첫 번째 방법은 먼저 무의식적이고 충동적인 행동을 멈추는 것입니다. 부부 갈등은 자아분화를 높이는 연습을 하기 굉장히 좋은 상황입니다. 무의식적이고 충동적인 행동들이 수없이 오고 가기 때문입니다. 자아분화 수준을 높이고 싶다면 무의식적으로 하는 말과 행동을 일단 멈추세요. 상대의 말과 행동에 화가 나도 일단 멈추고 의식적인 반응을 하는 것이죠. 책의 뒷부분에서 부부의 소통에 대해 다시 이야기 나누겠지만 '상대의 이야기를 그대로 듣고 따라 말하기'가 좋은 팁입니다. 한 템포 쉬면서 충동성을 낮추고 자아분화 수준을 높여주거든요.

둘째, 자신의 생각과 감정, 욕구를 자각하고 솔직하게 표현하는 연습을 해야 합니다. 분화가 낮은 사람은 생각과 감정, 욕구가 한데 뒤엉켜 있습니다. 마치 모든 물건이 뒤섞여 찾을 수 없는 정리되지 않은 서랍처럼 말이죠. 자아분화 수준을 높이기 위해서는 마음 정리가 필요합니다. 지금 어떤 생각이 떠오르는지, 지금 느껴지는 감정은 무엇이며, 그 밑에 있는 욕구가 무엇인지 자각하는 연습을 꾸준히 해야 합니다. 마음 챙김 명상이나 심리상담은 이처럼 무의식적인 반응을 멈추고, 내면의 생각, 감정, 욕구를 자각하는 것을 돕는 훌륭한 방법입니다.

자아분화 수준을 높이는 것 외에도 정서적 독립을 위해 꼭 필요한 한 가지가 있으니 그것은 바로 부부관계를 가장 중요한 0순위에 놓는 작업입니다. 부부가 서로에게 가장 중요한 존재가 될 때 그 가정은 기능적으로 유지됩니다. 반대로 배우자보다 부모 또는 자녀가 중요하다면 그 가정은 역기능적인 가정이라 볼 수 있습니다.

어머니와 배우자가 물에 빠졌다면 누구를 먼저 구하겠습니까? 대답이 망설여지신다면 정서적 독립을 위한 공부가 더 필요할지 모르겠습니다. 정답은 배우자를 먼저 구하고, 배우자와 힘을 합쳐 어머니를 구하는 것입니다.

관계,
결혼 후에 다시 배우다

4장
반복되는 갈등에서 벗어나는 법

모든 부부가 빠지는 세 가지 불화의 고리

다채롭게 펼쳐질 부부갈등에 대해 본격적으로 이야기해보겠습니다. 누가 신혼을 달콤하다 했던가요. 양가 부모님 댁에는 얼마나 자주 갈지, 경제권은 누가 가질지, 설거지는 누가 할지, 저축은 얼마나 할지 등 부부를 기다리고 있는 것은 둘만의 꿀 같은 시간이 아니라 길고 긴 '할 일 목록'입니다. 이 시간을 큰 갈등 없이 무사히 보내는 부부들도 있습니다. 운 좋은 부부는 정말 신혼을 꿀처럼 달콤하게 보내기도 합니다. 그러나 속도의 차이일 뿐 갈등은 모든 부부를 향해 다가오게 마련이지요. 요즘 부부들의 이야기를 한 번 들어볼까요?

희주 씨 이야기

"그러니까 남편이 먼저 제가 싫다고 하는 행동을 안 하면 화낼 일이 없거든요. 근데 제가 백번 싫다고 말해도 고칠 생각을 안 해요. 적반하장으로 제가 이해심이 부족해서 싸움이 되는 거래요. 어이가 없죠. 원인 제공은 본인이 해놓고 제 탓을 하니."

수민 씨 이야기

"벽보고 말하는 기분이에요. 바로 옆에서 내 말을 듣기는 하는 거냐고 물어보는데도 눈길 한번 주지 않고 핸드폰만 쳐다봐요. 몇 마디 더 하면 방으로 들어가버리고요. 투명인간이 된 기분, 무시당하는 기분이 들죠. 무엇보다 마음 나눌 상대가 없다는 사실이 외롭고 슬퍼요. 남은 인생을 이렇게 살아야 한다고 생각하니 숨이 막히네요. 다른 부부들은 다 알콩달콩 재미있게 사는 것 같은데 저는 왜 이럴까요?"

우혁 씨 이야기

"아내랑 잘 지내고 싶다는 생각은 버린 지 꽤 됐어요. 아이들 생각해서 이혼은 안 하지만 대화를 해본 적이 거의 없어요. 무늬만 부부인거죠. 각방을 쓰니 한 집에 살면서도 마주치는 일이 없어 할 말을 문자로 할 때도 많아요. 처음엔 이게 뭔가 싶었는데 이제 적응이 돼서 오히려 편해요. 같이 있는 게 되레 더 어색하죠. 이렇게 사는 것이 그나마 이혼하지 않고 평화롭게 사는 방법이라고 생각합니다."

어떠신가요? 공감 가는 부분이 있으신가요? 부부는 절대 새로운 이슈로 싸우지 않습니다. 비슷한 이유로, 비슷한 패턴으로 싸우죠. 불화의 고리란 부부가 반복해서 싸우게 되는 특정한 패턴을 말하는데요. 마치 뫼비우스의 띠처럼 싸움이 어디서부터 시작된 건지 알 수 없고 빠져 나오기 어려워 다람쥐 쳇바퀴 돌 듯 반복되는 성질이 있습니다.

이 같은 불화의 고리에는 추적—위축 고리, 공격—공격 고리, 위축—위축 고리 세 가지 유형이 있습니다. 갈등을 겪는 모든 부부는 아래 세 가지 불화의 고리 중 하나에 빠지는 겁니다. 차이점은 계속 고리 속에 머무르며 갈등을 심각하게 만드느냐, 불화의 고리에 있다는 사실을 자각하고 빠져 나오느냐죠. 세 가지 유형을 앞에 제시한 사례를 토대로 설명해보겠습니다.

희주 씨의 경우 : 공격—공격 고리(나쁜 사람 찾기)

일명 나쁜 사람 찾기라고 불리는 이 고리는 부부가 잘잘못을 따지며 서로를 공격하는 패턴입니다. 공격—공격의 고리에서 한쪽이 포기하면 추적—위축의 고리로 가기도 하고, 반대로 추적—위축 고리에서 위축형 배우자가 무작정 참다가 어느 순간 분노를 터뜨려 공격적인 태도를 보이고, 이에 추적형 배우자도 공격적으로 맞받으면 불화의 고리는 공격—공격형으로 변하기도 합니다. 다만 위축형인 배우자는 공격을 했어도 그다음 공격을 할 때까지 다시 위축되어 있는 모습을 보이기도 합니다. 희주 씨 부부가 바로 공격—공격 고리에 빠진 경우입니다. 공격은 부부간 친밀감이 상실되었을 때 온몸으로 항의하는 행동이라 할 수 있어요. 아이러니한 사실은 이런 과정의 목적이 서로에 대한 친밀감을 강화하고자 하는 것에 있다는 사실입니다. 즉 상대의 관심과 반응을 얻어내려는 겁니다.

수민 씨의 경우 : 추적―위축 고리(항의하기)

한쪽은 계속해서 요구하고 다른 한쪽은 위축되어 있는 불화의 고리입니다. 가장 흔한 불화의 고리 형태죠. 수민 씨가 빠져 있는 고리의 형태도 바로 이 추적―위축입니다. 추적하는 배우자는 대개 심한 불평, 비난, 요구, 분노의 반응을 보이는데, 이런 표현은 배우자와 애착을 쌓으려는 시도입니다. 따라서 위축형 배우자가 이 사실을 아는 것이 중요합니다. 상대에게 반응하지 않는 자신을 붙잡기 위한 행동이라는 것을 말이죠. 만약 이 사실을 모른다면 위축형 배우자 입장에서는 추적형 배우자의 행동에서 통제받는다는 느낌과 자신이 무능하고 부적절하다는 느낌을 받습니다. 추적형 배우자가 가까워지려고 할수록 위축형 배우자는 벽 쌓기, 침묵, 무반응을 보이며 멀어져가는 것이죠.

추적―위축 고리에서 벗어나기 위해서는 우선 추적형 배우자의 불평이 가까워지기 위한 접근이고 위축형 배우자의 무반응은 관계를 악화시키지 않기 위한 행동이라는 사실을 서로 인지해야 합니다. 서로의 친밀함을 위해 이런 행동을 했다는 것을 몰랐다는 사실도요. 이 같은 유형은 요구―멀어지기, 비판―벽 쌓기, 불평—회유 등으로 표현되기도 합니다. 대개는 여성이 추적형, 남성이 위축형이지만 반대인 경우도 있습니다. 추적형 남성은 추적형 여성보다 훨씬 더 강압적인 편이며 자칫 상대에 대한 학대로 이어질 가능성도 있습니다.

우혁 씨의 경우 : 위축—위축 고리(냉담과 회피)

화도 내보고 울어도 보고 애원까지 해봐도 정서적 친밀감이 회복되지 못하면 부부는 서로에게 실망한 나머지 자신의 감정과 욕구를 숨기게 됩니다. 학습된 무기력처럼 말이죠. 특히 추적형 배우자가 관계에 희망을 잃으면 위축형으로 변하는데 이 경우 부부는 위축—위축 고리에 갇히게 됩니다. 우혁 씨 부부처럼요. 위축—위축 고리는 친밀감을 상실했다는 고통으로부터 자신을 보호하는 일종의 방어기제입니다. 큰 싸움이 일어나지 않기 때문에 자칫 괜찮은 상태라고 생각할 수 있지만 위축—위축 고리는 가장 위험한 불화의 패턴입니다. 부부간 애착을 위해서는 아무 반응이 없는 것보다 차라리 싸우더라도 서로에게 접근하고 반응하는 편이 낫기 때문입니다.

이와 같은 부정적인 부부싸움 패턴을 '불화의 고리'라고 합니다. 많은 부부들이 이 불화의 고리 안에서 대화를 시도하지만 불화의 고리 안에서 건강한 대화를 하는 것은 불가능합니다. 경직

되고 제한적인 상호작용만이 일어날 뿐이고, 이러한 상호작용은 다시 고리를 강화시켜 불화를 한층 깊게 만듭니다. 따라서 부부는 일단 자신들이 싸우고 있는 불화의 고리 패턴을 파악하고 거기서 빠져나오는 것이 먼저입니다. 제대로 된 대화다운 대화는 그다음에나 가능한 이야기입니다.

갈등의 패턴을 알면 해결이 쉬워진다

불화를 극복하고 정서적 친밀감을 쌓기 위해서는 먼저 불화의 고리를 찾아 약화시켜야 합니다. 이는 부부상담 모델 중 하나인 '정서중심 부부 치료emotionally focused couple therapy, EFT'의 치료 방법 중 하나이기도 합니다.

정서중심 부부치료는 이성을 강조하던 기존의 상담 이론에서 벗어나 부부의 정서에 초점을 맞춘 부부치료 모델로 1982년 수전 존슨과 레슬리 그린버그Leslie Greenberg가 개발했습니다. 정서중심 부부치료 모델은 이 책의 큰 줄기를 이룹니다. 정서중심 부부치료의 이론적 바탕인 경험주의, 체계이론, 애착이론을 이해하면 불화를 극복하는 데 큰 도움이 된다고 믿기 때문이지요. 배우자가 꼴도 보기 싫은데 좋아질 수 있느냐고요? 네, 충분히 가능합니다. 먼저 어려워 보이는 이 세 이론부터 차근차근 살펴보죠.

체계이론은 부부간 상호작용에 의해 생겨나는 '부정적 고리', 경험주의는 '숨겨진 정서', 애착이론은 인간의 기본적인 '애착욕구'의 중요성을 강조하고 있다고 보면 됩니다. 즉 부부 불화를 극복하고 정서적 친밀감을 쌓는 핵심은 부정적 고리, 정서, 애착을 얼마나 제대로 이해하고 있느냐에 달려 있는 셈이지요. 정서중심 부부치료 모델에 따르면 부부간 친밀감 회복은 큰 틀에서 아래의 세 단계로 나뉩니다.

1단계 : 불화의 고리를 파악해서 약화시키기
2단계 : 상호작용 재구조화하기
3단계 : 안전기지 강화 및 통합하기

정서중심적 부부치료 모델에서 가장 첫 번째로 하는 것이 부부가 무의식적으로 행동해온 패턴과 그것이 서로에게 미치고 있는 영향을 파악해 불화의 고리를 약화시키는 것입니다. 불화의 고리는 그대로 두면 점점 나빠지는 속성이 있어서 의식적인 노력 없이는 결코 좋아지지 않습니다. 만약 불화의 고리에 빠진 상태에서 벗어나는 방법을 모른 채 계속 고리 속에 머무르면 부부 갈등은 점차 심각해집니다. 다음은 부부 갈등 발달 단계입니다.

부부 갈등 발단 단계

1단계	• 결혼 초기에 발생 • 다툼이 비교적 짧게 끝나지만 반복되기 시작함 • 시간 보내는 방법, 돈 관리, 인척과의 교류, 직업, 가사 역할, 가족 규칙, 생활습관등에 관한 갈등 • 개방적인 대화와 최소한의 갈등상태 • 부정적인 반응과 비난의 강도가 낮음
2단계	• 6개월 이상 지속되는 만성적 갈등 • 분노와 공개적인 싸움, 과거의 상처나 싸움에 집착, 과도한 요구 • 자유로운 의사소통, 통제, 비난 증가 • 공격-공격, 공격-위축 패턴을 보임
3단계	• 극도의 갈등 및 대치 상태 • 정서적 표출 정도가 높아짐 • 갈등 수준과 불안, 스트레스, 권력 투쟁, 분노와 통제, 삼각관계, 비난 강도가 극도로 높아짐 • 폐쇄적 의사소통, 신뢰감의 상실 • 혼란, 양가감정, 거부와 무능, 실패감 좌절감, 우울감 경험
4단계	• 별거나 이혼 언급 • 권력투쟁, 비난, 분노, 갈등이 강렬해짐 • 빈약한 의사소통

출처 : 부부 문제와 부부 상담 (신정) 최규련 p.335 재구성함

지금 우리 부부가 어느 단계에 있는지 살펴보세요. 넷 중 하나에 속해 있다면 불화의 고리에서 벗어나는 것이 먼저입니다. 벗어나기 위해서는 일단 패턴에 대한 인지가 먼저겠죠. 세 가지 패턴 중 어느 패턴으로 싸우고 있는지 잘 모르겠다면 나와 배우자가 싸울 때 보이는 행동을 체크해보세요.

추적자의 행동

캐묻기, 미심쩍어하기, 비난하기, 요구하기, 매달리기, 잔소리하기, 탓하기, 통제하기, 불평하기, 시비 걸기, 부딪치기, 공격하기, (특히 다른 사람들 앞에서) 깎아내리기, 추궁하기, 소리 지르기, 문자나 전화 계속하기, 판단하기, 못마땅해하기, 따라다니기.

위축자의 행동

방어하기, 논리적으로 생각하기, 입 꾹 다물기, 문제 바로잡기, 문제를 최소화하기, 조언하기, 웃음으로 은근슬쩍 넘기기, 묵살하기, 회피하기, 반응 안 하기, 그만하라고 소리치기, 요구 들어주기, 달래기, 협조하기, 피하기, 자리 뜨기, 멍하게 있기.

나는 화가 날 때 주로 어떤 행동을 보이나요? 배우자는 어떠한가요? 똑같이 소리 지르는 행동이라 할지라도 그 안에 숨은 생각과 감정, 욕구가 다릅니다. 추적자는 내 말을 들어달라고 소리 지르고, 위축자는 그만하라고 소리를 지르는 겁니다.

부부가 싸울 때 보이는 행동과 고리의 유형을 파악했다면, 이제 그 불화의 고리에 이름을 붙여 주세요. '카오스' '볼케이노' 등 아무 이름이나 좋아요. 패턴에 이름을 명명하는 순간 보다 객관적인 거리에서 부부싸움을 바라보는 힘이 생기기 때문이에요. 이름을 붙였다면, 이제 부부싸움이 시작되는 순간 이러한 행동 패턴을 자각하고 멈추는 연습이 필요합니다. 스스로에게 말해주세요.

'자, 지금 카오스에 또 빠지고 있네.' '여기서 내가 또 한마디를 더 하면 그 고리에 완전히 빠지고 말 거야. 일단 릴렉스하고 고리에 빠지지 말자.' '대화는 좀 진정된 다음에 시도해보자.'라고 말이죠.

아무리 싸워도 좋은 관계를 유지하는 부부들의 비밀

에이브러햄 매슬로Abraham Maslow의 다섯 가지 욕구를 살펴보면 부부가 불화의 고리에 빠지는 힌트를 얻을 수 있습니다. 매슬

로는 인간의 욕구를 생리적 욕구, 안전의 욕구, 애정과 소속감의 욕구, 존경의 욕구, 자아실현의 욕구 이렇게 다섯 가지로 계층화했습니다. 생리적 욕구가 1단계, 자아실현의 욕구가 5단계지요.

부부가 불화의 고리에 빠지는 진짜 이유는 3단계인 소속감과 애정의 욕구에서 비롯됩니다. 부부간에 가장 중요한 정서적 친밀감은 1, 2단계 문제가 해결되었다고 해서 생기는 것이 결코 아닙니다. 불화는 이 사실을 깜박할 때 생겨납니다. 먹고사는 일에만 집중하다 보니 이 부분을 자꾸 놓치게 되는 겁니다.

"바깥일하며 꼬박꼬박 월급 가져다주면 그게 사랑이고 책임이지 뭘 더 바라는 건데?"라는 건 고작 1단계 생리적 욕구만 충족시켜 주었다는 얘깁니다. 돈을 아무리 많이 벌어다주어도 3단계인 친밀감과 애정의 욕구가 충족되지 않으면 부부관계에는 문제가 생길 수밖에 없어요. 욕심이 많아서가 아니라 인간이라서 그렇습니다. 사랑하고 사랑받고 싶은 욕구는 인간의 기본 욕구니까요. 그래서 결혼으로 파생되는 많은 불편함에도 불구하고 사랑하는 사람과의 결혼을 선택하는 것이지요.

기혼자들에게 정서적 친밀감의 욕구는 배우자만이 채워줄 수 있습니다. 그러니 이 욕구가 충족되지 않으면 문제가 생기죠. '정서중심 부부치료'를 개발한 수전 존슨에 따르면, 애착 대상이 욕구를 충족시켜주지 않을 때 '분노 → 찾고 매달리기 → 분리'의 3단계를 거치며 멀어집니다.

여러분은 지금 이 세 가지 중 어떤 상태인가요? 아내는 어떻게 생각하는지, 남편은 어떻게 생각하는지 서로에게 물어보세요. 상대가 어떤 상태든 누구의 잘못이 아닙니다. 그저 정서적 친밀감이 부족한 것뿐이죠. 설령 상대방이 "나는 분리 단계인 것 같아."라고 해도 너무 서운해하지 마세요. 도저히 같이 못 살겠다고 시비를 거는 것이 아니라 나는 당신과 친밀감을 나누고 싶다는 뜻이니까요. 아직 완전한 분리의 상태는 아니라는 겁니다. 완전히 분리된 부부는 서로 얘기조차 나누지 않겠지요. 그저 관계

1단계 : 분노

2단계 : 찾고 매달리기

3단계 : 분리

를 회복하고 싶어 하는 마음을 헤아려주고 "당신도 많이 힘들었구나." 하고 이해해주면 됩니다.

기억해야 할 중요한 사실은 부부 앞에 놓인 많은 문제(고부갈등, 불균형한 가사분담, 양육관의 차이, 경제관념의 차이, 양가 집안문제, 외도문제, 성격 및 가치관 차이 등)들이 갈등의 진짜 원인이 아니라는 겁니다. 진짜 원인은 부부간 정서적 친밀감의 부재예요. 유대관계가 빈약한 부부는 문제를 해결하지 못하고 심각한 갈등으로 만들어버리지요. 정서적 친밀감이 있다면 충분히 해결 가능한 문제 들이 돌이킬 수 없을 정도의 심각한 불화로 발전합니다.

그러므로 잃어버린 정서적 친밀감을 튼튼하게 쌓는 일이 중요합니다. 나머지 문제들은 그다음 일이죠. 정서적 친밀감만 잘 쌓여 있다면 부부간의 문제는 충분히 해결할 수 있거나 관리할 수 있습니다. 부부관계 때문에 괴로운가요? 도저히 못 살겠다는 생각이 자주 드나요? 그렇다면 불화의 원인이라 생각했던 것들이 실은 문제의 진짜 원인이 아니라는 것, 갈등의 뿌리에는 부부 간 친밀감의 부재가 있다는 것을 기억하세요. 쓸데없는 곳에 에너지를 소비하지 말고 큰 그림을 보기 바랍니다. 문제는 상대방이 아닙니다. 그럼 시야를 돌려 정서적 친밀감의 부재라는 불화의 빙산을 어떻게 녹일 수 있을지 살펴보겠습니다.

부부의 관계를 망치는 진짜 적은 따로 있다

아내나 남편이 화를 낼 때 여러분은 어떻게 반응하나요? 화내는 배우자 앞에서 사람들이 보이는 반응은 저마다 다르겠지만 대개는 다음 네 가지 중 하나입니다.

1. 실수를 인정하고 사과한다.
2. 별일 아닌 것처럼 대한다.
3. 같이 공격한다.
4. 침묵한다.

가장 바른 선택은 무엇일까요? 여러분은 어디에 해당하나요? 하나씩 살펴보겠습니다. 먼저 실수를 인정하고 사과한다는 쪽. "아, 정말 미안, 미안! 다신 안 그럴게." 넷 중 가장 괜찮은 반응처럼 보입니다. 하지만 이렇게 하는데도 상대방이 계속 화를 내지 않던가요?

왜냐고요? 말로만 이렇게 사과하고 행동은 변하지 않으니까요! 미안하다는 말만 번지르르하게 해놓고 똑같이 행동하니 더 화가 날수밖에요.

다음으로 별일 아닌 것처럼 대한다는 경우. "에이, 겨우 그런 일가지고 왜 그래." "그게 그렇게 화낼 일이야?" 이런 사람은 화내는 상대를 이상한 사람으로 만드는 희한한 재주가 있습니다. 화나게 만든 상황을 멋대로 축소시키고 있어요. 사과는커녕 속 좁은 사람 취급을 당한 상대는 당연히 더 화가 나겠죠.

그럼 같이 공격하는 건 괜찮을까요? "당신도 그때 그랬잖아!

내가 그거 싫다고 몇 번이나 말했잖아!

왜 나만 가지고 그래!" "넌 네 생각은 못 하냐?" 상대의 잘못을 꺼내 똑같이 공격합니다. 이건 그냥 싸우자는 거예요.

마지막으로 침묵하는 경우. 그저 이 사태가 빨리 수습되길 바라며 아무 말도 하지 않습니다. 나름의 이유가 있고 억울한 측면이 있지만 말을 하면 더 싸울 게 뻔하니 그냥 입을 닫는 겁니다. 문제는 이렇게 침묵할 경우 상대는 자신을 무시하거나 신경 쓰고 있지 않다고 느끼는 데 있습니다.

아시겠지만 넷 중 어느 것도 관계를 회복시키지 못합니다. 많은 부부들이 같은 이유, 같은 방식으로 지겨운 싸움을 이어갑니다. 뫼비우스의 띠처럼 어디서부터 시작된 건지 끝은 어디인지 모른 채로요. "당신이 날 먼저 화나게 해서 내가 화를 내는 거잖아!"

"누가 할 소리! 당신이 먼저 날 열받게 했다고!" 누구라도 먼저 멈추지 않으면 평생 반복되며 점점 심해질 텐데 너무 끔찍하지 않나요?

불화의 고리에서 빠져나오기 위해 꼭 기억해야 할 사실이 있으니, 바로 문제는 배우자가 아니라 불화 그 자체라는 것입니다. 문제를 바라보는 관점을 바꿔야 하는 것이죠.

"네가 잘못된 거니까 네가 고쳐!" "네가 더 이상하니까 너나 고치시지!"

갈등이 생기면 대부분 서로를 비난하고 옳고 그름을 따집니다.

나는 옳고 너는 틀리기 때문에 네가 변하지 않는 이상 답이 없다고 말하면서 말이죠. 상대를 나와 정반대 자리에 놓고 적 또는 변화시켜야 할 대상으로 여깁니다. 이때부터 풀리지 않는 불화의 고리에 갇히고 맙니다.

이제 생각을 바꿔야 합니다. 부부가 서로를 무찔러야 하는 대상으로 생각하지 말고 함께 힘을 합쳐 불화라는 적과 맞서 싸워야 한다고 말입니다. 다시 한번 강조하지만 부부가 한편이 되어 불화라는 공공의 적을 물리쳐야 합니다.

불화를 겪는 부부들이 빠져들기 쉬운 오류 중 하나가 잘못된 상대를 만났다는 것입니다. 물론 그럴 수도 있지요. 그런데 내 배우자가 더 많이 배운 사람이라면, 사회경제적 지위가 더 높았다면, 돈이 더 많았다면 나는 정말 더 행복했을까요? 그럴 리가요. 그건 가져보지 못한 것에 대한 착각일 뿐이에요. 수천억을 가진 재벌 부부라도 서로를 증오하며 이혼하고 전과가 있는 사기꾼 부부라도 서로를 끔찍하게 위하면서 같이 사기를 치기도 합니다. 부부 사이는 참 신비롭습니다. 아무리 나무랄 데 없이 훌륭하고 좋은 조건을 가진 남녀가 만나도 정서적 유대감을 쌓지 못하면 여지없이 불화의 고리에 빠지니까요. 반대로 그릇된 말과 행동을 일삼는 남녀라도 서로 간의 애착이 단단하다면 부부 사이는 행복합니다. 참 아이러니하지요.

부부 사이에서 옳고 그름을 따지는 건 중요하지 않습니다. 하지만 그러기가 쉽지 않죠? 맘처럼 생각이 잘 바뀌지 않는다면 상대방의 장점을 떠올려보세요. 아무리 생각해도 장점이 떠오르지 않는다고요? 그럼 처음 만났을 때를 떠올려보세요.

- 어디에서 어떻게 만났나요?
- 첫인상은 어땠나요? 어떤 점에 끌렸나요?
- 결혼을 결심한 계기가 무엇이었나요?
- 첫 번째 데이트에서 기분이 어땠나요?

기억하세요. 상대는 여전히 연애할 때의 장점을 가지고 있습니다. 나와의 친밀감을 얻기 위해 싸우고 있을 뿐이에요.

상대의 장점을 떠올려본 지 얼마나 됐나요? 배우자의 장점을 열 가지 이상 쓰고 서로 나눠보세요. 장점이라고는 찾아볼 수 없는 사람이라고요? 그렇다면 결혼 전 장점을 적어보세요. 배우자는 지금도 그 장점을 가지고 있는 사람입니다. 불화의 고리에 빠져 있어 보이지 않을 뿐이죠.

| 아내의 장점 | 남편의 장점 |
(남편이 작성해주세요.)	(아내가 작성해주세요.)

불화의 고리를 벗어나게 해주는 세 가지 힘

이혼을 생각할 정도로 관계가 안 좋을 때 많은 사람이 떠올리는 해결책 중 하나가 바로 '부부상담'이죠. "이 사람이 지금 얼마나 잘못하고 있는지 시원하게 얘기 좀 해주세요!" 하고 배우자를 끌고 가서 시시비비를 가려보고 싶기도 하고, 씨알도 먹히지 않는 나를 대신해 상담사가 배우자를 꾸짖어주기를 바라기도 합니다. 전문 가의 이야기라도 들으면 문제가 해결될 것 같을 거예요.

　그런데 정말 그럴까요? 부부상담을 받으면 모든 문제가 해결될까요? 슬프게도 대답은 '아니오'입니다. 부부상담이 필요 없다는 소리가 아닙니다. 매우 필요해요. 이혼 숙려 기간에도 상담을 필수적으로 받게 되어 있잖아요. 관계가 곪을 대로 곪은 부부는 스스로 관계를 회복할 힘이 없으니까 전문가의 도움이 꼭 필요하죠. 이 책을 읽고도 관계 개선이 어렵다면 교육을 넘어 개별적인 상담이 필요합니다.

　하지만 부부상담으로 문제를 해결하는 데 한계가 있는 이유는 상담이 지속적으로 이어지기가 어렵다는 데 있습니다. 상담을 두세 번 받는다고 문제가 단번에 해결될 리 없는데 대부분의 부부들은 상담받을 시간조차 없을뿐더러 만만치 않은 비용 때문에 상담을 지속적으로 받기가 어려운 것이 현실이죠. 자신과 맞는 유능한 상담사를 만나는 일도 어렵습니다. 용기 내어 상담센터의 문을 두드렸지만 상담사와 맞지 않아 한두 번 가고 중단하는 경우가 많거든요. 그래서 신뢰할 수 있는 안정적인 상담사를 만나는 것이 무엇보다 중요합니다.

하지만 상담까지 받아봤는데도 극복되지 않으면 이혼하거나 억지로 함께 살면서 평생 고통스러워하는 것 외엔 길이 없는 걸까요? 정신건강의학 전문의 정혜신 박사는 조리사 자격증이 있는 사람만 밥을 할 수 있다면 일상이 어떨지 상상해보라고 하면서 스스로 치유하는 것이 가장 필요하다고 말했습니다. 부부싸움으로 힘들 때마다 상담을 받으러 갈 수는 없는 노릇입니다. 그러니 상담의 도움을 받되 일상에서도 스스로 회복할 수 있는 힘을 길러야 합니다.

결혼생활이 괴로울 때 부부상담보다 먼저 떠올려야 하는 것이 바로 '관계가 좋아질 수 있다는 믿음'입니다. 흔히 한 번 깨진 신뢰는 회복하지 못한다고 생각하지요. 특히 외도를 경험한 부부는 예전으로 돌아갈 수 없다고 판단하고 절망합니다. 하지만 외도의 상처도 부부의 노력에 따라 얼마든지 회복할 수 있다는 것이 많은 사례를 통해 밝혀지고 있습니다. 전문가들은 이 시기를 잘 극복하면 오히려 부부관계를 더 견고하게 만드는 계기가 된다고도 합니다.

외도뿐만이 아니라 늪에 빠진 것 같은 절망스러운 상황에서도 관계가 회복될 수 있다는 믿음을 갖고 노력한다면 얼마든지 늪에서 빠져나올 수 있습니다.

우리가 초점을 맞춰야 하는 것은 문제의 해결이 아니라 문제를 해결할 힘을 키우는 것입니다. 버지니아 커먼웰스대학교 심리학 교수인 에버렛 워딩턴Everett Worthington 교수가 말하는 '희망 중심 결혼 상담hope-focused marriage counselting'의 개념을 빌려 문제를 해결할 힘을 소개하자면 다음과 같습니다.

- 변화하고자 하는 의지
- 변화하는 방법을 아는 능력
- 변화가 일어나지 않는 동안에도 긍정과 용기를 잃지 않고 인내하는 힘

여러분은 어떤가요? 만약 결혼생활이 엉망이 돼버렸다면, 그럼에도 회복하고 싶은 의지가 있나요? 그렇다면 충분합니다. 이 책과 함께 위의 세 가지 역량을 높여 스스로 문제를 해결할 능력을 키워 보기 바랍니다.

나만 힘든 게 아니라는 것, 얼마든지 다시 좋아질 수 있다는 것 이 두 가지를 믿으세요. 다음은 각자의 마음을 알아보는 데 필요한 기준 및 척도입니다. 스스로 한번 생각해보고 상대에게도 물어보면서 서로의 마음을 공유해보세요.

남편의 마음

관계가 좋아질 수 있다고
믿지 않는다   믿는다
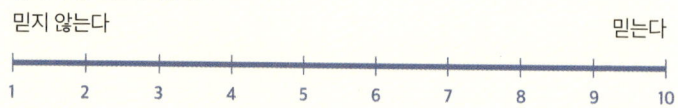

관계를 회복하고 싶은 의지가
없다   있다
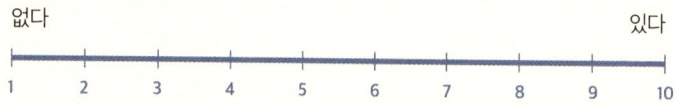

관계를 회복하는 방법을
전혀 모른다   잘 안다
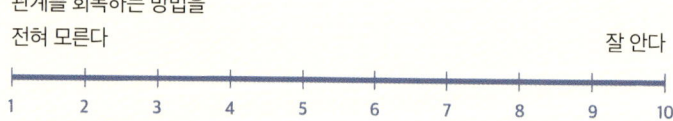

변화가 일어나지 않는 동안에도 긍정과 용기를 잃지 않고 인내하는 힘이
없다   있다
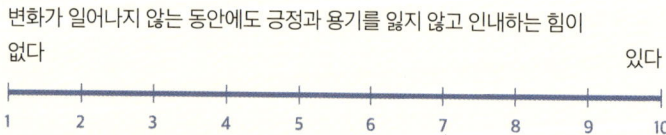

(총점 :   )

몇 개월 뒤 다시 점검해보세요.
남편의 마음

관계가 좋아질 수 있다고
믿지 않는다   믿는다
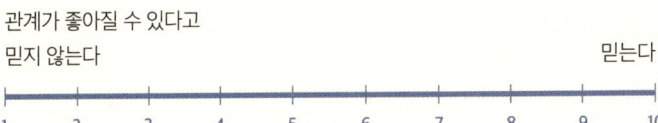

관계를 회복하고 싶은 의지가
없다   있다
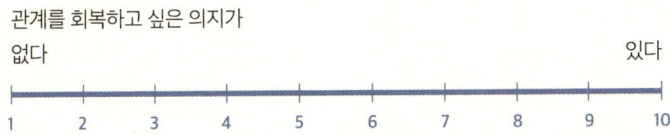

관계를 회복하는 방법을
전혀 모른다   잘 안다
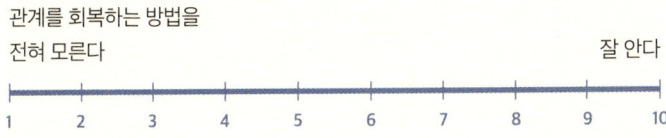

변화가 일어나지 않는 동안에도 긍정과 용기를 잃지 않고 인내하는 힘이
없다   있다
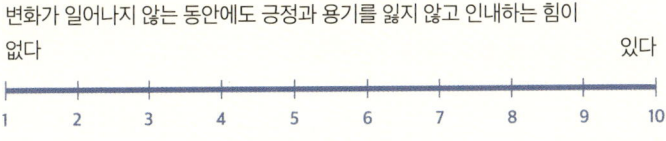

(총점 :   )

아내의 마음

관계가 좋아질 수 있다고
믿지 않는다   믿는다
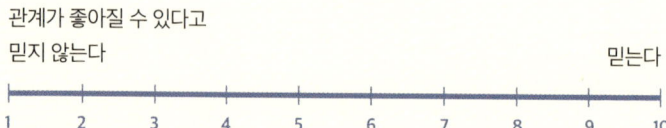

관계를 회복하고 싶은 의지가
없다   있다
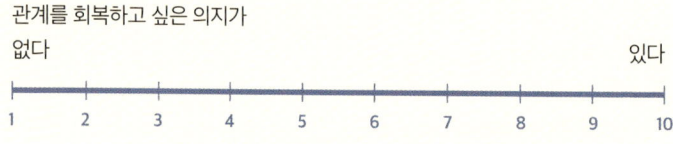

관계를 회복하는 방법을
전혀 모른다   잘 안다
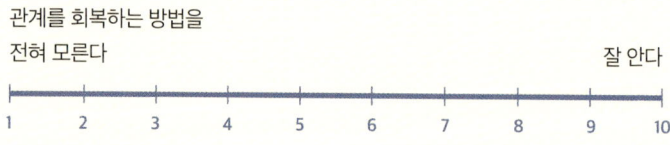

변화가 일어나지 않는 동안에도 긍정과 용기를 잃지 않고 인내하는 힘이
없다   있다
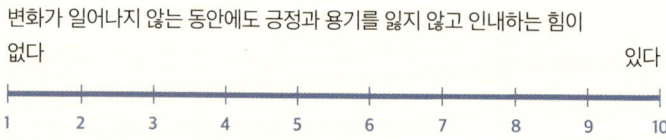

(총점 :   )

몇 개월 뒤 다시 점검해보세요.
아내의 마음

관계가 좋아질 수 있다고
믿지 않는다   믿는다

관계를 회복하고 싶은 의지가
없다   있다
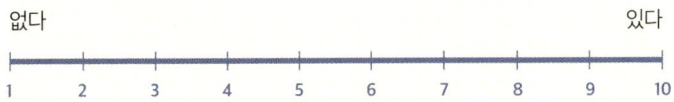

관계를 회복하는 방법을
전혀 모른다   잘 안다

변화가 일어나지 않는 동안에도 긍정과 용기를 잃지 않고 인내하는 힘이
없다   있다
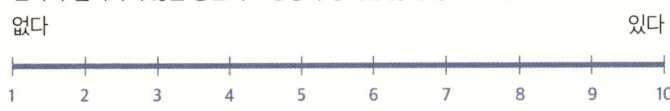

(총점 :   )

5장

부부관계의 핵심, 정서 다루는 법

불화를 극복하는 놀라운 비밀

싸움의 유형을 이해하는 것은 중요하지요. 그러나 더 중요한 것들이 아직 남아 있습니다. 지금부터 부부의 친밀감을 쌓는 각 단계를 구체적으로 살펴볼게요. 아마도 위 질문에 대한 답을 찾을 수 있을 거예요.

정서중심 부부치료에서 불화를 극복하는 3단계는 다음의 아

홉 가지 세부 과제로 나뉩니다. 무슨 말인지 모르겠다고요? 처음 보면 무슨 말인지 이해하기 어렵습니다.

1단계 : 불화의 고리 약화

① 갈등 파악

② 부정적 상호작용 고리 확인

③ 숨은 정서에 접근

④ 부정적 고리, 내재된 정서, 애착욕구의 관점으로 갈등 재구성

2단계 : 상호작용 재구조화

⑤ 감춰진 애착욕구와 정서 표현

⑥ 배우자의 상처와 정서 수용 및 인정

⑦ 애착욕구와 정서를 표현해서 상호작용 재구성

3단계 : 안전기지 강화 및 통합

⑧ 과거 관계의 문제에 대한 새로운 해결책 모색

⑨ 긍정적 고리 강화

그러나 정서중심 부부치료에서 강조하는 '고리' '정서' '애착' 이 세 가지 개념을 떠올린다면 쉽게 이해할 수 있습니다. 체계이론에 바탕을 둔 '고리'는 부부 개개인에게 초점을 맞추는 것이 아

니라 부부 사이에 발생하는 역동에 중점을 둡니다. 한 배우자의 행동이 다른 배우자의 행동에 영향을 끼치며, 그에 대한 반응이 다시 영향을 끼치며 고리를 형성한다는 것이죠. 부부가 자신들도 모르게 부정적 고리의 희생양이 되기도 하고 또 고리를 만드는 주범이 되기도 하는 것입니다. 고리에 대해서는 앞에서 다루었습니다.

경험주의 관점에서는 고리가 만들어지는 이면에 숨겨진 정서가 있다고 봅니다. 즉 정서가 행동을 유발하기 때문에 이 정서를 잘 이해하고 활용해야 한다는 것이죠. 특히 두려움의 정서를 이해하고, 일차정서와 이차정서를 구분하는 것이 중요합니다.

애착이론은 애착이 안정적으로 형성되지 않을 때 부정적 고리가 생겨나며, 고리 안에 있는 상태에서는 애착을 형성하기가 어렵다고 봅니다. 따라서 인간의 본능인 애착욕구를 이해하고 서로의 애착 유형과 성인애착을 이해하는 것이 필요하다고 보지요. 정서중심 부부치료는 이 세 가지 접근을 통합적으로 적용하여 부부 불화를 바라봅니다.

이해를 쉽게 하기 위해 정서중심 부부치료의 단계를 비유적으로 표현해볼게요.

음악에 맞춰 춤을 추는 사람을 떠올려보세요. 수전 존슨 박사의 비유적 표현에 따르면 춤은 부부의 행동입니다. 화를 내거나 비난하거나 입을 닫아버리는 등의 행동이 춤이라면 그 춤을 추게 하는 음악이 바로 정서라는 것이죠. 아시다시피 춤은 음악에 따라 달라집니다. 힙합음악이 나올 때와 왈츠음악이 나올 때 몸이 다르게 움직이듯이 춤을 바꾸려면 음악을 바꿔야 합니다. 즉 행동을 바꾸려면 그 밑바탕을 이루는 정서를 바꾸어야 한다는 뜻이에요. 정서에 대한 이해 없이 부부 불화를 해결하고 싶다는 바람은 맨날 힙합음악만 틀어놓고 그에 맞춰 왈츠를 추려고 노력하는 것과 마찬가지입니다.

이제 1단계가 전보다 더 이해가 되죠? 2단계도 마찬가지입니다. 음악을 바꾸기 위해서는 부부 각자의 과거 애착 경험과 감춰진 애착욕구를 이해하고 상대의 상처를 수용하고 인정함으로써 서로의 애착욕구와 숨겨진 정서를 표현하는 것이 필요합니다. 3단계는 비로소 바뀐 음악에 맞춰 자연스럽게 춤을 추는 단계입니다. 긍정적인 접근과 반응을 주고받으며 과거의 관계 문제에 대한 새로운 해결책을 모색하고 안정적 애착 태도와 고리를 견고히 하는 단계죠.

정서라는 게 정확히 뭐죠?

건강한 부부관계를 유지하기 위해서는 정서에 대한 이해가 필수입니다. 자신이 느끼고 있는 정서가 무엇인지 알고 이를 건강하게 표현하지 않으면 불화의 고리에 빠지게 되죠. 그렇다면 대체 정서란 무엇일까요?

우리는 정서에 대해 많은 오해를 하고 있습니다. 혹시 아래와 같은 생각을, 아니 편견을 갖고 있지는 않은가요? 먼저 정서에 대한 오해부터 풀어보죠.

- 정서는 비합리적이고, 비이성적이다.
- 중요한 결정을 내릴 땐 정서를 배제하고 이성적으로 판단해야 한다.
- 남자들은 정서적이지 않다.
- 분노 또는 고통스러운 느낌은 언제나 나쁘다.

위의 네 가지는 정서에 관한 대표적인 오해들입니다.

먼저 정서가 비합리적이라는 오해부터 풀어보죠. 심한 경우 정서가 비합리적 사고나 행동을 양산한다고 해서 안 좋은 개념으로 여기기도 하지요. 정서는 이성과 비이성으로 나눌 수 있는 개념이 아닙니다. 인간이 환경에 적응하여 생존하도록 돕는 심리적 도구예요. 나쁜 것도 아니고 좋은 것도 아닙니다. 생존에 필요한 힌트를 제공해줄 뿐이거든요.

예를 들어보겠습니다. 산에서 뱀처럼 생긴 물체를 보면 즉각적으로 두려움을 느끼고 의식하기도 전에 움찔하고 몸이 먼저 반응하죠? 이때 느끼는 두려움이 바로 정서입니다. '이게 정말 뱀이 맞을까? 비슷한 색깔의 막대기는 아닐까?' 이런 생각을 하기도 전에 두려움으로 몸이 움찔하는 것, 이것이 바로 정서가 하는 일입니다.

정서는 이렇듯 의식보다 빠른 속도로 특정한 행동을 하게 만듭니다. 두려움이라는 정서를 통해 도망치거나 비명을 지르는 등 스스로나 타인을 보호하는 행동을 할 수 있는 것과 마찬가지로요. 우리는 화를 통해 위협에 대항하고, 혐오를 통해 더러운 것들로부터 멀어질 수 있습니다.

뿐만 아닙니다. 정서는 인간관계를 맺는 행동에도 깊이 관여합니다. 수치심은 숨어버리거나 눈에 띄지 않게 행동하도록 하고, 슬픔은 위로의 대상을 찾으며 타인에게 도움을 구하도록 합니다. 기쁨과 행복은 긍정적 에너지를 발산하여 타인과의 관계를 돈독하게 만듭니다. 그러므로 정서는 비합리적인 것이 아니라 오히려 생존의 확률을 높여주는 유용한 도구입니다.

두 번째 오해, 중요한 결정을 내릴 땐 정서를 배제하고 이성적으로 판단해야 한다는 말은 어떨까요? "결정할 땐 감정적으로 판단하지 마." 흔히 듣는 이야기죠. 두뇌의 정서 처리 과정을 제대로 이해하지 못하면 이런 오해를 합니다. 이차정서와 일차정서를 구분하지 못하기 때문이죠. 보통 '감정적'이라고 하는 분노와 짜증 같은 감정은 이차정서인데, 그 뒤에 숨은 일차정서를 마주하면 내 진정한 욕구를 인지하여 더 나은 결정을 내릴 수 있습니다. 따라서 정서는 나다운 결정을 내릴 때 꼭 필요한 개념이라 할 수 있습니다.

남자들은 정서적이지 않다는 오해는 어떨까요? "우리 남편은 피도 눈물도 없는 사람이에요. 정서가 메마른 인간이죠." 많은 여성들이 남자에겐 정서가 없다고 여깁니다. 남자들로선 억울한 오해예요. 많은 문화에서 남성들은 아주 어린 시절부터 '남자는 울면 안 된다'고 배웁니다. 그렇게 태어난 것이 아니라 그렇게 길러진 것입니다. 정서적이지 않은 것이 아니라 정서를 표현하는 것이 어려울 뿐입니다.

정서에 대한 마지막 오해입니다. 분노 또는 고통스러운 느낌은 나쁜 걸까요? 배우자의 외도 현장을 목격했다고 칩시다. 그런 자극이 오면 두뇌에서는 마치 뱀을 봤을 때처럼 빠르게 정서 반응이 일어납니다. 즉각적인 분노와 고통을 느끼게 되죠. 외도와 같은 큰 사건이 아니라도 부부간에 발생할 수 있는 사소한 다툼 역시 부정적인 정서를 유발합니다. 그렇다면 이러한 부정적인 정서를 느끼는 것이 언제나 나쁜 것일까요?

외부로부터의 자극과 이에 따른 정서 반응을 우리가 통제할 수는 없습니다. 따라서 이런 정서 반응이 중요한 메시지를 전달하고 있다는 사실을 아는 것이 중요합니다. 뭔가 잘못되고 있다는 사실을 알려주는 강력한 신호거든요. 지속적으로 그런 정서와 느낌을 받는다면 스스로를 보호하기 위한 준비를 해야 합니다.

통제할 수 없는 정서 반응에 짓눌려 살지 말고 이를 삶에 이용하는 겁니다. 좀 과장되게 얘기하자면 정서를 처리하는 방식에 따라 삶의 품격이 달라집니다. 정서의 노예가 아닌 주인이 될 때 부부 불화를 한결 수월하게 극복할 수 있습니다.

기분과 감정에도 단계가 있다

딸기잼, 사과잼, 포도잼을 섞으면 어떤 맛이 날까요? 무슨 맛인지 정확히 알기 어려운 묘한 단맛이 날 겁니다. 세 가지가 섞인 잼은 분명 다른 맛이 나지만 한번 섞인 이상 완벽히 분리해내기가 어렵죠. 지금껏 우리가 정서를 다루는 방식도 이랬습니다. 세 가지 잼을 한 통에 넣고 대충 휙 섞은 다음 그냥 '잼'이라고 써 붙여놓은 것처럼 여러 가지 정서를 뭉뚱그려 마음속에 담아두고 거기에 '정서'라는 스티커를 붙여놓은 셈이죠. 정서라고 다 같은 정서가 아닌데 말입니다. 그러니 뒤섞여 있는 정서를 몇 개의 통으로 나눠 담아 그 실체를 구분해볼 필요가 있습니다. 정서는 크게 일차정서, 이차정서, 도구정서 세 가지로 나눕니다.

- **일차정서** : 원초적으로 반응하며 표출하는 감정.
- **이차정서** : 일차정서를 숨긴 채 심리적으로 편한 감정으로 바꾸어 표출하

는 감정.

- **도구정서** : 상대에게 특정한 반응을 이끌어내기 위해 표출하는 감정.

일차정서는 자극을 받았을 때 가장 먼저 만들어지는 정서입니다. '날것의 감정'이라고도 볼 수 있는데, 기쁨·분노·슬픔·공포 등 학습되지 않고 선천적으로 나타나는 직관적이고 자연스러운 기본 정서입니다. 만일 산에서 호랑이를 만났는데 두려움을 느끼지 못한다면 문제가 되겠죠? 이처럼 일차정서는 인간의 생존과 안녕에 도움이 되는 정보를 제공하고 실제로 도움이 되는 방향으로 행동하게끔 우리를 안내합니다.

부부관계에 적신호가 켜지면 두려움이 생기는 것 역시 생존을 위한 정서 반응입니다. 애착 대상과 친밀한 관계를 맺으려는 것은 인간의 본능이기 때문이죠. 그러나 사람들은 두려움, 슬픔, 공포와 같은 일차정서를 수용하고 표현하는 데 어려움을 겪습니다. 그래서 무의식적으로 이러한 일차정서에 가면을 씌워 표현하곤 합니다. 그것이 바로 이차정서입니다.

방귀 뀐 놈이 성낸다는 말이 있죠? 사과해도 모자랄 판에 화를 내는 배우자를 보며 황당했던 경험이 한번쯤은 있을 겁니다. 배우자가 이차정서를 사용한 것인데, 이차정서란 일차정서를 그대로 수용하지 못하고 자신이 느끼기 편한 감정으로 바꾸어 경험하는 겁니다. 그래서 이차정서는 자연스럽지가 않아요. 두려움을 느끼는데 불쑥 화를 내고, 화를 내야 하는 상황에서 두려움 또는 무기력함을 표현하고, 우울하지만 기분 좋은 모습을 보이는 거죠. 모두 이차정서를 사용한 경우입니다.

마지막으로 도구정서는 원하는 것을 얻기 위해, 또는 타인을 조종하기 위해 사용하는 정서입니다. 악어의 눈물처럼 슬프지 않은데 울거나 전혀 화가 나지 않았는데 화난 척하는 경우가 있잖아요. 자신의 감정이 상대방의 감정에 영향을 끼치는 것을 알고 이를 이용하는 겁니다. 특히 부부 사이에서 주도권을 잡기 위해 그다지 화가 나지 않았는데도 화를 낸다거나, 상대의 관심을 얻기 위해 우울한 척하는 경우가 이에 해당합니다.

이러한 도구정서는 의도적으로 이용되기도 하고, 무의식적으로 또는 습관적으로 사용되기도 합니다. 도구정서는 타인의 감정을 조종하려는 의도를 가지므로 상대를 감정적으로 착취하는 것 같지만 꼭 나쁘기만 한 것은 아닙니다. 자신의 감정이 어떤 상태인지 적절히 알고 사용한다면 원하는 것을 얻는 데 도움을 받을 수 있습니다.

그렇다면 우리가 인식하지 못하는 사이 이 같은 정서들이 어떻게 부부관계에 영향을 끼치는지 예를 들어볼까요?

주말에 남편이 나가서 집에 혼자 있던 아내는 이상하게 기분이 나쁩니다. 처음엔 괜찮았는데 하루 종일 집에 있다 보니 짜증이 밀려왔어요. 속 좁은 사람이 되는 것 같아 참아보려 했지만 저

녁까지 먹고 들어온다는 남편의 전화에 그만 폭발하고 말았죠. 이 경우 아내가 느끼는 짜증과 분노는 이차정서입니다. 그 밑에 숨겨진 마음, 즉 자신이 남편에게 우선순위가 아닌 것 같아 슬프고 두려운 마음이 일차정서입니다.

부부간의 불화의 고리에서 벗어나기 위해서는 자신과 상대의 정서가 일차정서인지 이차정서인지 구분하는 능력이 필요합니다. 이차정서라면 그 이면에 숨어 있는 일차정서를 찾아 해소해야 합니다. 이 경우 아내는 자신의 일차정서를 알아채고 건강한 방식으로 표현하는 방법을 익혀야 하죠. 동시에 남편은 아내가 일차정서를 표현했을 때 공감하고 받아들여야 합니다.

아내가 내미는 카드 명세서를 보고 밑도 끝도 없이 분노하거나 침묵으로 시위하는 남편도 마찬가지입니다. 어떻게 해도 아내를 만족시켜주지 못할 것 같다는 두려움이 일차정서인데 남편 본인은 물론, 아내도 이것을 알아채지 못하는 것이죠. 이렇듯 일차정서는 빛의 속도로 빨리 이차정서로 넘어가기 때문에 알아채기도 어렵고 알아도 표현하기는 더 어렵습니다. 그러나 부부관계를 회복하기 위해서는 이차정서의 가면을 벗기고 민낯을 드러내야 합니다. 비단 부부관계뿐 아니라 스스로의 정신건강을 위해서도 매우 중요합니다.

아래는 위축자와 공격자가 보이는 흔한 일차정서입니다.

공격자의 일차정서

- 중요하게 여겨지지 않는다 생각되어 외롭다
- 사랑받지 못한다고 생각되어 슬프다
- 버림받을까 봐 두렵다

위축자의 일차정서

- 상대를 만족 시키지 못하는 것 같아 슬프다
- 존중받지 못하거나 통제받는 느낌에 화가 난다
- 거부당할까 봐 두렵다

　혹시 이런 일차정서를 수용하지 못해서 '분노, 좌절감, 불안, 실망, 절망, 무력감, 수치심 등'과 같은 이차정서로 바꾸어 느끼고 있지는 않은지 생각해보세요. 일차정서와 이차정서를 구별할 줄 알고 일차정서를 표현하는 것이 중요한 이유는 일차정서를 표현하고 이를 이해받을 때 비로소 감정이 해소되기 때문입니다.

　정서는 마치 자기 마음을 제대로 표현하지 못하고 문제행동을 일으키는 아이와 같습니다.

　부모가 아이의 속마음을 읽고 달래주면 아이의 문제행동은 사라지지만 그렇지 않으면 더 심해지지요. 우리의 정서 역시 이해해주고 달래주면 언제 그랬냐는 듯 사라지지만 그러지 않으면 관계를 망치고 개인의 정신건강뿐 아니라 삶의 질 전반에 부정적인 영향을 끼칩니다. 따라서 부부가 서로 느끼고 있는 정서가 어느 정서인지 이해하고 표현하고 나누는 것이 건강한 사랑을 오래도록 유지하는 비결입니다.

화 뒤에 진짜 마음을 숨기는 부부의 심리

부부싸움에서 빠지지 않는 정서는 바로 분노입니다. 분노는 가뜩이나 쌓기 어려운 성인애착을 방해하는 큰 장애물이지요. 그런데 이 분노가 과연 인격의 문제일까요? 건강한 관계를 유지하기 위해서는 분노라는 정서를 제대로 이해할 필요가 있습니다.

길을 가다 제법 큰 돌멩이에 걸려 넘어졌다고 칩시다. 돌멩이를 향해 "나쁜 돌멩이 같으니라고! 왜 여기 굴러다녀서 날 넘어지게 하냐!"라고 화를 내지 않잖아요. 돌멩이에게는 분노가 생기지 않습니다. 분노란 감정을 나눌 수 있는 상대에게만 생기는 정서입니다. 그러니 정서적 교류를 가장 많이 하는 부부에게는 얼마나 많은 분노가 생기겠어요?

분노라는 강렬한 감정은 불화의 고리를 더욱 강화시킵니다. 때문에 분노를 잘 관리하고 활용하는 것이 필요합니다. 우선, 분노는 부정적이고 나쁜 감정이 아닙니다. 다시 말해, 절제하고 없애야 하는 감정이 아니라는 뜻입니다. 분노는 나 자신을 보호해 주거든요. 폭력이나 학대와 같은 상황에서 분노를 느껴야 스스로를 보호하지 않겠습니까? 따라서 분노는 일차정서인데, 헷갈리게도 분노는 이차정서이기도 합니다. 어떻게 구분하냐고요? 예를 들어 설명할게요.

배우자의 외도 현장을 목격했다고 가정했을 때 어떤 장면이 떠오르나요? 첫 반응은 아마도 이렇겠죠?

"당신이 어떻게, 어떻게 나에게 그런 짓을 할 수가 있어! 내가 왜 이런 대접을 받아야 해! 내가 대체 뭘 잘못했길래 이러는 건데, 왜!"

이 경우의 분노는 자신을 지키는 일차정서입니다. 반면 이차정서로서의 분노는 파괴적입니다. 아래와 같은 분노가 이차정서에 해당하는데, 아까와 느낌이 조금 다를 거예요.

"나 당신 증오해! 죽여버릴 거야! 역겨운 인간 같으니라고. 내 몸에 손대지 마, 얼굴만 봐도 더럽고 소름 끼친다고!"

표현방식이 확연히 다르죠? 첫 번째 반응은 스스로를 지키기 위해 뭔가가 잘못되고 있다는 것, 나는 더 존중받아야 하는 존재라는 것을 설명해주고 있지만 두 번째 반응은 상대를 비난하고 공격하는 데만 초점이 맞추어져 있죠. 분노의 이유를 상대에게 설명해주지 못하기 때문에 상대의 이해를 구할 수 없고 상황을 더 악화시킵니다. 일차정서와 이차정서의 분노는 이렇듯 표현 방식에서 차이가 납니다. 이차정서의 분노는 스스로를 지키지도 못할뿐더러 상대의 이해를 구할 수도 없게끔 상황을 악화시킵니다.

안타깝게도 분노를 조절하기란 쉬운 일이 아닙니다. 오랜 훈련이 필요하죠. 무엇보다 자신의 분노를 다스리는 것만큼 상대의 분노를 이해하는 일이 중요합니다. 상대가 상황에 비해 분노를 건강하지 못한 방식으로 과도하게 표출한다면 그러한 분노가 이차정서라는 것을 이해해야 합니다. 그 속에는 두려움이라는 일차정서가 자리잡고 있다는 사실도요. 화내는 상대방에게 왜 그렇게 화를 내느냐고 급하게 묻는 것은 상대의 분노를 지적하는 느낌을 줍니다. 일단 기다려줄 필요가 있어요. 분노가 가라앉을 때까지 기다렸다가 이성적인 대화를 시도해보는 겁니다. 그러기 힘든 상태라 해도 적어도 상처에 소금을 뿌리는 일은 자제해야 해요.

배우자가 갑자기 화를 버럭 냈을 때 애착이 잘 형성된 부부는 상대방이 화를 냈다는 사실에 두려움을 느끼기보다는 이성적인 생각을 합니다.

'왜 화를 내는 걸까? 뭐가 문제지? 내가 어떻게 해줘야 할까?'

이렇게 상대에게 접근하여 화를 풀어줄 수 있지요. 같이 화를 내는 대신 기다려주거나 적절하게 응대해주거나 위로해주면 상대의 분노는 금세 사그라집니다.

많은 부부가 분노라는 표면적 감정만을 보고 결혼생활에서 절망을 느낍니다. 이제부터는 그 이면에 숨은 연약하고 말랑말랑한 감정을 들여다보세요. 인간의 뇌는 어떤 최신형 컴퓨터보다 성능이 뛰어나서 잘만 활용하면 분노를 조절하고 상대를 끌어당기기가 생각보다 훨씬 쉽습니다.

내 기분과 감정을 잘 조절하려면

가장 최근의 부부싸움을 떠올려보세요. 그때 느꼈던 감정은 무엇이었나요?

"음…… 분노? 짜증? 뭐 그런 정서겠죠? 그걸 아는 게 무슨 도움이 된다는 거죠?"

이런 의문이 들었다면 아직 정서의 개념을 잘 받아들이지 못한 겁니다. 정서는 내가 진정으로 원하는 것이 무엇인지 알려주는 가장 훌륭한 나침반입니다. 불화의 고리에서 벗어나려면 '그냥 짜증나고, 화나고, 무조건 싫어!' 하고 넘어가기보다는 부부싸움 중에 발생하는 정서의 과정을 잘 이해해야 합니다.

정서는 우리의 마음, 신체, 행동 모두와 관련이 있습니다. 워낙 순식간에 느껴지는 것이라 인지하기 어려운 경우도 많지요. 따라서 정서가 발현되는 찰나를 쭉 늘려 생각해볼 필요가 있습니다. 마치 고무줄을 잡아당기듯 말입니다. 같이 한번 살펴볼까요?

정서중심 부부치료 접근에서는 정서의 과정을 '평가—각성—재평가—행동화'으로 나눕니다. 하나씩 살펴볼게요.

- **평가** : 싸움이 시작되는 순간입니다. 남편의 침묵이나 아내의 잔소리 등과

같은 자극을 받으면 두뇌가 경고를 보냅니다. 이 과정은 매우 신속하게 일어나기 때문에 알아차리기가 어렵죠.

- **각성** : 평가가 끝나면 순간적으로 몸이 반응합니다. 숨이 가빠지고 심장이 빠르게 뛰며 몸이 부들부들 떨리기도 하죠.
- **재평가** : 두뇌는 재빠르게 자극에 의미를 부여합니다. 만약 평가가 무의식적으로 일어났다면 이 단계에서 인지를 하게 됩니다. '저 사람이 왜 저러지?'처럼 상대가 준 자극에 대한 의미나 이유를 찾는 거예요.
- **행동화** : 재평가까지 끝났다면 이제 정서는 행동으로 나타납니다. 소리를 지른다거나 등짝을 내리친다거나 방문을 쾅 닫고 들어간다거나 하는 행동으로 나타나는 것이죠.

이렇듯 정서는 일종의 '과정'으로 이해할 수 있습니다. 그래서 '정서 과정'이라는 명칭이 붙는데요, 이를 잘 모르면 서로의 행동이 어떤 자극 때문인지 모르는 경우가 태반입니다.

추적—위축 고리에 빠진 부부의 예를 들어볼게요. 아내는 남편이 자신의 이야기를 제대로 들어주지 않으면 자극을 받습니다. 남편의 침묵을 아내의 뇌가 위험 또는 고통이라고 판단하고 신호를 내보내는 것이죠. 그 결과 아내의 신체는 각성 단계로 들어가서 호흡이 거칠어지고 심장박동이 빨라집니다. 이제 두뇌는 이 상황을 재평가하는데, 남편의 침묵을 무시 또는 무관심으로 해석합니다. 그 결과 최종적으로 남편을 비난하며 소리치는 행동이 튀어나옵니다.

반대로 남편 쪽을 살펴볼까요? 남편의 두뇌는 "우리 얘기 좀 해"라는 아내의 말을 듣자마자 말투, 억양, 표정을 보고 평가를 내립니다. 위험하니 피하라는 신호를 보내는 거죠. 남편의 신체는 땀을 내거나 안절부절못하며 각성하고, 뒤이어 불만 가득한 아내의 표정을 자신의 무능함으로 재평가합니다. '난 뭘 해도 아내를 만족시킬 수 없어'라며 무기력감을 느끼죠. 이런 재평가는 입을 꾹 닫는 행동으로 드러납니다.

어때요? 최근 배우자와의 다툼을 떠올려보고 이런 식으로 숨겨진 정서의 과정을 분석해보세요.

- 다툼이 시작되었던 순간은 언제인가요?
- 다투는 동안 내 안에서는 어떤 일이 일어나고 있을까요?
- 그 순간의 감정을 어떻게 해석하고 행동했나요?

나와 배우자의 정서 찾기 연습

다음의 표를 채워보세요. 내 정서 과정을 살펴보는 데 도움이 될 것입니다.

1	다툼이 시작된 순간의 상황은?	예) 내 말에 상대가 대꾸하지 않았다.
2	신체에서 느껴지는 감각은?	예) 심장이 두근거린다. 미간이 찌푸려진다.
3	떠오르는 감정은?(이차정서)	예) 짜증난다. 화난다.
4	떠오르는 생각은?	예) 지금 나를 무시하는 건가?
5	내가 보인 행동은?	예) 또 시작인가? 아, 지겹다!
	깊은 곳에 숨겨진 일차정서는 무엇일까?	예) 존중받지 못한 것에 대한 좌절감, 사랑받지 못하는 것에 대한 슬픔

나는 어떤 순간에 화가 나는지, 어느 순간이 기쁜지 잘 생각해보세요. 처음부터 자신의 정서를 파악하기란 쉽지 않아요. 꾸준한 연습이 필요합니다. 생각과 행동은 파악하기 쉬운 편입니다. 그러나 정서를 파악하기 위해서는 먼저 내 몸에서 일어나는 신체 반응에 집중해야 합니다. 손에 땀이 나거나 가슴이 간질거린다거나 심장이 쿵쾅거린다거나 명치끝이 조이는 느낌이 들거나 뒷목이 당기거나……. 그런 몸의 반응이 느껴지면 스쳐 보내지 말고 가만히 생각해보세요. 안타깝게도 많은 사람들이 자신의 몸이 보내는 신호를 외면하며 살고 있어요. "지금 몸에서 느껴지

는 감각이 무엇인가요?"라고 묻는다면 아마 "글쎄요, 아무 느낌이 없는데요"라고 답할 분들이 많을 겁니다. 자신이 어떤 감정을 느끼며 사는지도 모른 채 사는 것이죠. 자신의 감정을 조절하고 싶다면 내 몸과 친해지고 몸의 감각을 느껴야 해요. 마음챙김과 같은 명상 수련에서 가장 먼저 하는 일도 몸의 감각을 느끼는 일입니다. 신체 반응은 정서를 알아채는 데 큰 실마리가 된다는 사실 기억하세요.

1. 숨을 깊게 들이마시고 내뱉으며 복식호흡을 해보세요.
2. 눈을 감고 본질적으로 중요하지 않은 감정의 찌꺼기들을 걷어내고 내 마음속 가장 깊은 곳에 있는 솔직한 마음을 느끼는 데 집중해보세요.
3. 지금 내 안에서 벌어지는 신체 변화에 초점을 맞춰보세요(어깨가 경직됐는지 인상을 쓰고 있는지 등).
4. 느껴지는 감정에 이름을 붙여보세요.
5. 그 감정을 표현할 만한 비유, 그림, 단어들을 떠올려보세요.
6. 그때의 느낌을 기억하고 마음의 여유가 생기면 상대방과 공유해보세요.
(그렇다고 싸우는 도중 이런 대화를 나누는 것은 도움이 되지 않습니다.)

부부간 불화 속에서 경험하는 일차정서를 이해하면 집착하는 이유 또는 회피하는 이유를 제대로 알게 되어 결국 상대를 이해하는 폭이 넓어집니다. 뿐만 아니라 스스로의 불안을 다루고 이를 상대에게 표현할 수 있는 여유도 생기죠.

"당신이 지금 날 기분 나쁘게 하고 있다고."

"너 때문이야. 너 때문에 이렇게 기분이 상했잖아."

"당신이 날 불안하게 해."

우리는 흔히 자신이 겪는 감정의 책임을 상대에게 지웁니다. 그러나 상대가 우리에게 직접적으로 두려움, 불안, 분노, 짜증, 수치심과 같은 정서를 주입할 수는 없어요. 이런 정서를 만들어내는 것은 나 자신입니다. 배우자의 형편없는 태도에 괴로움을 느끼는 것도 실은 내가 만들어낸 정서입니다.

외부로 눈을 돌려 상대를 탓하기보다 자기 안에 일어나고 있는 정서의 과정을 들여다보는 것이 우선이라는 것이죠. 이것이 정말 중요한 사고의 전환입니다. 이제 자기 감정에 주인의식을 가져보세요. 내가 내 감정의 주인이 될 때 비로소 관계 안에서 건강하고 자유롭게 감정을 활용할 수 있습니다. 그러나 부부관계에서는 정말 중요한 사고의 전환입니다. 감정의 주인이 되라는 말은 이런 의미에서도 유효하고요. 내 감정의 주인이 되면 그 감정을 관계에서 자유롭게 활용할 수 있습니다.

6장

배우자와 나의 성인애착 활용법

63빌딩 꼭대기에 매달려 살 수는 없다

정서중심 부부치료의 세 가지 핵심 개념 중 고리와 정서에 대해 알아보았습니다. 이제 애착에 대해 알아볼 차례입니다. 건강한 부부관계를 위해서는 정서적 경험을 애착과 연결시켜 이해하는 것이 필요 합니다. 애착은 과연 무엇일까요?

살면서 애착이라는 단어를 참 많이도 듣습니다. 특히 육아 관련 책에서 빠지지 않는 용어죠. 덕분에 많은 사람들이 애착이 무엇인지, 얼마나 중요한지 알고는 있는데 머리로만 알고 있는 사람이 많은 것 같아요. 건강한 부부관계를 유지하고 싶다면 마음으로 애착을 느껴볼 필요가 있습니다. 그러기 위해 '63빌딩 꼭대기에 매달려 있는 상상하기'를 추천합니다. 63빌딩 꼭대기에 대롱대롱 매달려 있는 스스로를 생각해보는 겁니다.

이 상태에서 느낄 수 있는 감정은 무엇일까요? 극도의 공포겠죠. 다른 생각은 할 수가 없습니다. 이때 필요한 건 누군가 손을 잡고 끌어올려 안전한 땅으로 옮겨주고 이제 괜찮으니 걱정 말라며 놀란 마음을 진정시켜주는 일입니다. 맛있는 밥도, 좋은 옷도

다 필요 없지요. 애착이론에서는 이 안전한 땅을 안전기지secure base, 고통을 위로해주는 것을 안식처safe haven라고 해요. 안전기지에서 우리는 다시 일어설 힘을 얻고 안식처를 통해 위로를 받습니다. 부부가 애착을 잘 쌓고 정서적으로 잘 결합된다는 것은 서로에게 안식처와 안전기지가 되어주는 것을 의미합니다. 서로가 서로에게 세상을 향해 나아갈 힘이 되어주고 용기와 위로해주는 것이 필요한 것이죠.

유아에게나 성인에게나 안식처와 안전기지를 만들어주는 것이 애착의 핵심입니다. 계속해서 63빌딩 꼭대기에 매달려 불안해하며 산다고 생각해보세요. 얼마나 힘들겠어요. 그런데 실제로 많은 부부들이 이렇게 살고 있어요. 그렇잖아도 살기 힘든 세상인데 서로를 더 힘들게 하면서 말이죠. 안전기지가 되어줄 애착 대상을 찾으려는 본능은 생존을 위해 필수적입니다. 볼비가 오죽하면 애착 본능을 성욕보다 더 큰 본능이라고 했겠어요. 그만큼 중요하단 거죠.

여러분은 배우자와 서로 이런 안전기지가 되어주고 있나요? 여러분은 배우자에게 이런 든든한 땅이 되어주고 있나요?

"큰 사랑을 받아본 사람은 어떤 시련이 닥쳐도 이겨낼 수 있다."

한 드라마에서 나왔던 대사입니다. 이 대사에 애착이론을 적용해보면 큰 사랑은 서로에게 안전기지가 되어주는 것입니다. 현대인들의 불안과 외로움은 바로 이 안전기지가 되어줄 누군가가 없기 때문에 생깁니다.

'나에겐 그런 사람이 없는데……' 하고 배우자가 안전기지가 되어주지 못하는 것에 우울하고 슬픈 마음이 드나요? 괜찮아요. 여러분만 그런 게 아니니까요. 어쩌면 배우자와 애착을 잘 형성하고 있는 사람이 더 드물지도 모릅니다. 아이에게는 엄마라는 절대적 존재가 있어서 무조건적인 사랑을 베풀어주고 안전기지가 되어주지만 성인에게는 그런 절대적인 존재가 없어요. 애착은 서로 같이 쌓아가야 하는데 이 사실을 잘 모르는 사람이 많고, 안다고 해도 어떻게 해야 할지 잘 모르죠. 그러니 많은 어른들이 외롭고 불안하게 살고 있지요.

애착을 제대로 쌓지 못한 지난날에서, 그리고 외롭고 불안한 현재에서 벗어나 앞으로 내 배우자와 건강한 관계를 만드는 것을 목표로 삼아보세요. 물론 애착을 쌓는 일은 머리로 안다고 쉽게 되는 일은 아닙니다. 무엇이, 왜 그렇게 어려울까요? 이제 서로 다른 애착 유형과 애착 시스템의 작동원리를 살펴보며 그 이유를 알아봅시다.

애착을 쌓기 어려운 결정적인 이유

여기 주변에서 흔히 볼 수 있는 세 사람이 있습니다. 왜 이러는 걸까요?

30세 회사원, 오도도
주특기 : 협박, 질투 유발
조금만 서운하게 해도 헤어지자고 협박.

30세 주부, 나불안
주특기 : 전화 100번 하기, 핸드폰 몰래 보기 받을 때까지 전화를 해대야 직성이 풀림.

38세 자영업자, 김답답
주특기 : 침묵과 무표정 며칠이고 입 닫기가 가능. 화장실이나 방에서 혼자 시간을 오래 보냄.

이런 행동들을 이상한 성격 때문이라고 생각하진 않았나요? 수많은 커플들이 이러한 문제에 봉착하는 진짜 이유는 바로 애착 시스템을 제대로 이해하지 못하기 때문입니다. 애착이론의 작동 원리를 살펴보다 보면 도무지 이해되지 않고 이해하기도 싫은 이런 행동들이 조금씩 이해되기 시작할 겁니다. 연애를 하거나 결혼생활을 할 때 나와 상대의 애착 시스템이 어떻게 다른지 이해하는 것은 매우 중요합니다. 정서적 친밀감을 쌓는 것은 애착과 깊은 관련이 있기 때문입니다. 이제 애착 시스템의 기본 원리에 대해 이야기해보겠습니다.

앞에서도 강조했지만 인류에게는 태초부터 애착 시스템이 장착되어 있었는데, 이 시스템의 가장 큰 목표는 바로 생존입니다. 이 목표를 이루기 위해 애착 시스템은 타인과 정서적 친밀감을 갖도록 우리를 이끌죠. 그런데 문제는 친밀감을 맺으려는 애착 시스템의 작동방식이 사람마다 조금씩 다르다는 데 있습니다.

성인애착 유형은 '자신에 대한 생각'과 '타인에 대한 생각'이 어떤지에 따라 아래와 같이 네 가지로 분류할 수 있습니다.

1 안정형

자신에 대한 생각과 타인에 대한 생각이 모두 긍정적입니다. 세상은 믿을 만한 곳이고 안전한 곳이라 여기기에 일부러 타인을 멀리 하거나 지나치게 가까이 하는 대신 적절한 거리를 유지하며 특정한 사람과 친밀한 유대를 갖습니다.

2 회피형

회피형은 이렇게 생각합니다.

'한 사람한테만 집중해서 시간과 에너지를 쏟으면 너무 위험한 게 아닐까?' 상대에게 덜 집착하고 거리를 두어야 나중에 상대가 없어졌을 때 상대를 빨리 잊을 수 있고 생존에도 합리적이라 판단하는 것이죠. 회피형은 자신에 대한 생각은 긍정적이지만 타인에 대한 생각은 부정적입니다. 그래서 자신은 문제가 없는데 상대가 자기를 자꾸 귀찮게 하고 힘들게 한다고 토로하죠. 그리고 관계에 문제가 생기면 상대를 멀리하는 경향을 보여요. 그러나 회피형이 이런 행동을 보이는 것은 사실 친밀감을 더 원하기 때문입니다.

3 몰두형

몰두형의 가장 기본 생각은 이러합니다.

'누군가한테 꼭 붙어 있는 것만이 살길이야.' 몰두형은 상대에게 아주 가깝게 붙어 있으면서도 불안해하고 경계심을 유지하는 것으로 자신의 애착 시스템을 안정시킵니다. 몰두형은 타인에 대해서는 긍정적이면서 자신에 대해서는 부정적으로 판단하기 때문에 계속해서 타인의 사랑을 확인받으려는 경향이 큽니다.

4 두려움형

두려움형은 상처가 가장 많은 타입으로 상대와 자신 모두에 대해 부정적입니다. 몰두형과 회피형의 특징이 혼재되어 있어 그 실체를 이해하기가 더욱 어렵죠. 두려움형은 혼자 있는 것도 괴롭지만 그렇다고 또 누구와 너무 가까워지는 것도 불편해해요.

그래서 타인과 깊은 정서적 친밀감을 맺는 것이 어렵습니다.

신경과학자 아미르 레빈Amir Levine과 심리학자 레이철 헬러 Rachel Heller에 따르면, 우리가 연인이나 배우자에게 보이는 행동들은 이 애착 유형과 깊은 연관이 있습니다. 모든 사람은 이 네 가지 애착 유형 중 하나에 속하죠. 인구의 50퍼센트는 안정형, 20퍼센트 몰두형, 25퍼센트는 회피형, 나머지 5퍼센트는 두려움형으로 자란다고 합니다. 그리고 애착 유형에 따라 친밀감, 함께 있는 것에 대한 입장, 갈등을 다루는 방식, 성관계에 대한 태도, 자신의 욕구나 바람을 표현하는 방식, 파트너나 관계에 대한 기대에서 큰 차이를 보입니다.

내가 어떤 유형인지 잘 모르겠다면 아래의 링크를 따라가 본인이 어떤 유형인지 테스트해보길 바랍니다.

 성인애착 유형 테스트

애착 유형을 결정짓는 요소 중 하나가 '내적작동모델Internal Working Model'입니다. 단어가 어려워 보이지만 뜻은 단순합니다. 한마디로 '내 마음을 움직이게 하는 보이지 않는 힘'입니다. 예를

들어, 누군가 나를 보고 웃었을 때 긍정적인 내적작동모델이 있는 사람은 '저 사람이 나에게 호감이 있나 봐.' 하고 긍정적으로 생각하는 반면, 부정적인 내적작동모델이 있는 사람은 '내 얼굴에 뭐가 묻었나? 날 비웃는 건가?'라며 부정적으로 생각하는 경향이 있습니다.

연인이나 부부 사이에서도 당연히 이런 내적작동모델이 나타납니다. 특히 불화가 생겼을 때 상대의 내적작동모델을 떠올리기란 쉽지 않죠. 그러나 나와 상대방이 어떤 내적작동모델을 형성하며 자랐는지, 어떤 프레임으로 세상을 바라보고 있는지 생각해 보는 것은 관계를 맺는 데 크게 도움이 됩니다.

집착녀와 회피남의 진짜 심리

성인의 애착 시스템은 어떻게 활성화되며 애착 시스템이 불안정해지면 어떤 행동들이 나타날까요? 부부인 A와 B의 이야기를 예로 들어 살펴보도록 할게요.

아내인 A의 이야기

신디 지금 남편에게 몇 통째 전화 걸고 계신 거죠?

A 30통째요. 12시가 넘었는데도 전화를 안 받아요. 미칠 것 같아요.

신디 그럼 그냥 안 하면 되지 않나요?

A 그게 맘대로 되면 이러고 있겠어요? 안 받을 걸 알면서도 자꾸 하게 된다고요. 조절이 안 돼요. 아무리 회식이라도 그렇지 전화 한 번 하는 게, 아니 받는 게 그렇게 어렵나요? 이해가 안 가요. 사랑이 식은 거죠. 연애할 때 이랬으면 당장 헤어지자고 할 텐데 그러지도 못하고…… 우울해요.

남편인 B의 이야기

신디 지금 아내에게 몇 통째 전화가 왔나요?

B 이거 보세요. 부재중 30통 찍혀 있죠? 미칠 것 같아요.

신디 그럼 그냥 좀 받으면 되는 거 아닌가요?

B 하…… 전 사실 핸드폰을 신경 써서 잘 받는 편이 아니거든요. 이렇게 미친 사람처럼 전화를 해대면 더 받기가 싫어져요.

신디 애정이 없어서 그런 건 아니고요?

B 글쎄요. 잘 모르겠어요. 사실 여태껏 만났던 사람들은 다 이런 식으로 집착했어요. 혼자 살아야 했었나 봐요. 그냥 벗어나고 싶은 생각만 드네요. 아니, 생각하면 뭐하나요. 그냥 생각 안 하렵니다.

이런 상황을 겪은 적이 있나요? 그렇다면 앞으로 눈 크게 뜨고 읽어보길 바랍니다. 같은 상황에서 벗어날 수 있는 중요한 실마리를 얻을 테니까요. 이런 현상은 정도의 차이가 있을 뿐 많은 연인과 부부들에게 자주 발생합니다. 대체 우리는 왜 무한 반복되는 뫼비우스의 띠 시나리오에서 벗어나지 못하는 것일까요?

답은 애착전략에서 찾을 수 있습니다. 우리의 애착 시스템은 위협을 느끼면 자동적으로 비상경보를 울리죠. 위의 예에서 아내인 A는 남편이 전화를 받지 않는 것에서 위협을 느꼈습니다. 그럼 A의 애착 시스템은 불안정해지고, 불안정한 애착 시스템을 안정시키기 위해 여러 전략이 사용되는 겁니다. 이때 가장 먼저 사용하는 전략을 '일차적 애착전략'이라고 합니다. 애착 대상에게 신호를 보내는 거예요. 아기가 울거나 찡찡거리며 엄마에게 신호를 보내는 것처럼요. 엄마가 달려와 안아주며 젖을 물리면 아기의 애착 시스템은 다시 안정됩니다.

성인의 경우도 마찬가지예요. 연락이 닿지 않는 상대방 때문에 불안해서 '연락이 안 되네?'라는 문자를 보냈다면 그것이 내가 상대에게 사용한 일차적 애착전략입니다. 상대가 '미안, 미안. 회의 중이었어!'라는 문자 한 통을 보내면 나의 애착 시스템은 안정되겠죠?

이는 상대가 나에게 사용한 일차적 애착전략 덕분입니다. 이렇게 일차적 애착전략을 주로 사용하며 관계를 맺는 유형이 바로 안정형입니다. 그런데 일차적 애착전략을 사용해 신호를 보냈는데도 애착 대상이 알아채지 못하거나 거부하면 어떤 일이 벌어질까요? 더 강력한 전략을 사용하게 됩니다. 바로 '이차적 애착전략'을 쓰는 거죠.

회피형, 몰두형, 두려움형은 이차적 애착전략을 주로 사용합니다.

이차적 애착전략은 다시 과잉활성화 전략과 비활성화 전략으로 나뉘는데, 과잉활성화 전략은 강도 높고 집요하게 상대와의 친밀감을 요구하는 것입니다. 머릿속에 오로지 친밀감을 회복해야겠다는 생각만으로 가득 차게 되는 거죠. 몰두형이 연인이나 배우자로부터 애정을 확인받지 못하면 집요해지는 이유는 바로 이 과잉활성화 전략을 사용하고 있기 때문입니다. 반대로 비활성화 전략은 애착시스템을 꺼버리는 것입니다. 친밀감의 욕구가 충족되지 못하는 것은 너무나 힘든 일이기에 애착의 욕구를 아예

제한해버리는 전략을 쓰는 것이죠. 친밀감에 대한 욕구가 없는 것이 아니라 이를 억누름으로써 애착 시스템을 안정화시키는 겁니다. 참 아이러니하지요?

A와 B의 이야기로 돌아가면, 몰두형인 A에게는 B의 연락이 애착 시스템을 안정시키는 데 꼭 필요하지만 B는 A와 떨어져 있는 시간이 필요했던 겁니다. 서로의 이차적 애착전략이 다른 거죠. 사람의 이차적 애착전략은 어릴 때 형성되는 것이라서 바꾸기가 쉽지 않습니다. 물론 안정형 애착으로 변화할 수도 있지만 그만큼 많은 노력이 필요합니다. 자신과 상대의 애착전략, 그리고 항의행동을 이해해야 하거든요. 항의행동이란 애착 시스템을 안정시키기 위해 하는 행동을 뜻하는데, 몰두형과 회피형이 주로 보이는 항의행동들은 아래와 같습니다.

몰두형의 항의행동

1. 상대와 접촉하려고 지나치게 노력한다 : 계속 전화하기, 문자하기, 메일 보내기, 우연을 가장한 만남을 위해 주변 서성거리기 등.
2. 관심 없는 척한다 : 휴대폰만 보기, 침묵하기, 등 돌리기, 상대를 앞에 두고 다른 사람과 길게 통화하기 등.
3. 받은 만큼 되돌려준다 : 전화나 답 문자가 오기까지 걸린 시간을 체크해 뒀다가 똑같이 기다리게 하기 등.
4. 적대적으로 행동한다 : 째려보면서 말하기, 말하는 도중에 나가버리

기 등.

5. 헤어지자고 협박한다 : 서로 맞지 않는다거나 자신이 없다고 하면서 속으로는 상대방이 잡아주길 바라기 등.

6. 속인다 : 바쁜 척, 만나기 어려운 척하기, 바쁘다는 핑계로 일부러 전화 받지 않기 등.

7. 질투심을 유발한다 : 예전 연인 만나기, 다른 이성으로부터 대시를 받았다고 말하기 등.

회피형의 항의행동

1. 한 사람에게만 정착할 준비가 되지 않았다는 걸 드러낸다 : 몇 년 동안 헤어지지 않고 관계 유지하기.
2. 상대의 사소한 단점에 집중한다 : 말하는 방식, 옷 입는 스타일, 먹는 습관 등 작은 단점을 찾아내어 애써 낭만적 감정 가로막기.
3. 예전 여자친구나 남자친구를 그리워한다.
4. 상처를 주면서 상대를 불안하게 만든다 : 일부러 다른 이성에게 추파 던지기.
5. 사랑한다는 말을 하지 않는다 : 느낌만 주고 직접적으로 말하지 않기.
6. 잘 지내다가 갑자기 거리를 둔다 : 데이트 잘하고 연락 뜸하게 하기.
7. 유부남, 유부녀 등 일부러 미래를 함께하지 못할 연애 상대를 만난다.
8. 상대가 말하는 동안 집중하지 않는다.
9. 독립적이라는 느낌을 유지하기 위해 비밀을 가지며 명확하게 말하지 않

는다.

10. 신체적인 친밀감을 거부한다 : 성관계 피하기, 침대 따로 쓰기, 상대보다 앞서 걷기 등.

상대가 몰두형이라면 처방은 쉽습니다. 일차적 애착전략을 사용해 신호를 보낼 때 바로 반응해주면 되지요. 그러나 상대가 회피형이라면 조금 어려울 수 있어요. 회피형은 자기 마음을 쉽게 열지 않고 힘들어도 다른 사람에게 도움을 구하는 법이 없죠. 따라서 회피형의 상대들은 감정적으로 친밀감을 느끼기가 어렵고 관계 만족도 역시 낮을 수밖에 없습니다. 상대가 회피형이어서 괴롭다면 더욱더 회피형의 특징을 이해할 필요가 있어요.

회피형이 아주 가깝고 소중한 사람들의 감정조차 신경 쓰지 않도록 끊임없이 훈련해왔다는 사실, 그리고 감정이란 스스로 추스를 줄 알아야 한다며 상대의 욕구를 무의식적으로 무시한다는 사실을 인지한다면 회피형에게 상처받을 일을 줄일 수 있으니까요. 관계를 지속할지 그만둘지는 그다음 문제고요. 본인이 이런 회피형이라면 변화하려는 노력이 필요합니다. 자신의 항의행동들이 스스로의 행복까지 차단하고 있기 때문이죠.

부부의 사랑은 어떻게 유지되는가

이번에는 어른의 사랑이 가지는 핵심, 성인애착이 어떻게 형성되는지 알아보겠습니다.

먼저 편지 한 통 소개할게요. 이 편지의 주인공은 아인슈타인과 함께 20세기 최고의 물리학자라는 평가를 받는 노벨물리학상 수상자 리처드 파인만Richard Feynman인데요, 아내를 먼저 하늘나라로 보낸 그가 사별 후 2년 뒤에 쓴 편지 중 일부입니다.

당신을 사랑한다는 걸 말해주고 싶소.

난 언제까지나 당신을 사랑할 거요.

당신이 죽은 후에도 당신을 사랑한다는 의미가 뭔지 이해하기는 어렵지만 난 여전히 당신을 편안하게 해주고 싶고 당신을 돌봐주고 싶다오.

그리고 당신 역시 날 사랑해주고 마음 써주길 바라고 있소.

당신이 떠난 후 몇 명의 여자를 만났지만 두세 번 만나고 나니 그들은 그냥 잿더미와 같았소.

당신만이 진짜 내 사랑이오.

살아 있는 그 누구보다 진짜인…….

P. S. 이 편지를 부치지 못하는 것을 이해해주오. 당신의 새 주소를 모르는 구려.

슬프기도 하고 감동적이기도 하지요. 아내가 죽었는데도 여전히 아내를 그리워하고 사랑하는 마음이 느껴지나요? 특히 밑줄 친 부분은 애착의 핵심을 잘 드러내고 있는데요, 배우자와 이 같은 깊은 정서적 유대감을 쌓으려면 어떻게 해야 하는 것일까요? 먼저 애착 시스템의 네 가지 주요 개념을 알 필요가 있습니다.

애착 시스템의 주요 개념

1. 애착 대상은 '가까이' 있어야 한다. (근접성 추구)
2. 애착 대상은 신체적?정신적 '피난처'를 제공한다. (피난처)

3. 애착 대상은 개인이 세상을 탐색하고 배우고 자신의 잠재력을 발휘할 수 있는 '안전기지'를 제공한다. (안전기지)
4. 애착 대상의 사라짐은 분리로 인한 강한 스트레스를 유발한다. (분리불안)

유아애착과 마찬가지로 성인애착도 위의 근접성 추구, 피난처, 안전기지, 분리불안 이 네 가지 특징을 가지고 있으며, 아래의 3단계를 거쳐 안정적으로 형성됩니다.

1 근접성 추구

애착 시스템의 첫 번째 기능은 대상을 찾는 것입니다. 자기를 보호해주고 친밀감을 유지할 특별한 애착 대상을 찾아 가까이하려고 애쓰는 것이죠. 아기가 엄마와 떨어지지 않으려 하는 것을 생각해보면 쉽게 이해가 갈 것입니다. 성인의 애착은 아기처럼 온종일 함께 있을 필요는 없지만 그래도 애착 대상과의 근접성이 필요합니다. 연애나 결혼 초반에는 대개 눈에 콩깍지가 씌어 있으므로 어렵지 않게 이 단계를 지나가는 경우가 많습니다. 문제는 그다음 단계부터죠.

2 안전한 피난처

위협을 받거나 불안한 상황이 닥치면 애착 시스템은 애착 대상에게 달려가도록 작동합니다. 이 단계의 연인들은 함께 있을 때 정서적으로 안정감을 느끼고 우울하거나 슬픈 일이 있을 때 서로에게 위로를 받고 진정을 얻을 수 있죠. 심리학 박사인 베로니카 켈로스릴리Veronica Kallos-Lilly와 제니퍼 피츠제럴드Jennifer Fitzgerald는 공저인 《감정에 초점을 맞춘 커플을 위한 워크북An Emotionally Focused WorkBook for Couples》에서 안전한 피난처가 되는 행동들을 아래와 같이 제시합니다.

- 상대가 고민을 털어놓거나 걱정할 때 잘 듣기.
- 상대가 아플 때 관심갖고 걱정하기.
- 상대가 피곤할 때 실질적으로 돕기.
- 상대의 생각이 어떤지 물어보기.
- 상대가 혼란스러워할 때 참을성 있게 기다리기.
- 상대가 괴롭거나 슬플 때 위로해주고, 안아주거나 손을 잡는 등 신체적으로 위안 주기.

"이 사람이 정말 내가 힘들 때 위로해줄 수 있는 사람일까?"

이 하나의 질문이 사실 모든 갈등의 근원이죠. 이 단계에서 가장 중요한 것은 상대방의 상처, 슬픔, 이익을 우선순위에 두고 상대의 마음을 움직이는 것입니다. 이런 행동들을 주고받으며 2단계를 잘 형성하면 마지막 단계로 넘어갑니다.

3 안전기지

'이 사람은 늘 내 편이 되어주겠구나.' 내가 어려울 때 의지할 수 있는 누군가가 있다는 사실을 확신하고 있는 상태입니다. 안전기지의 단계까지 관계가 이어졌을 때 비로소 안정적인 애착이 형성되었다고 말할 수 있죠. 1992년 심리학자 하잔C. Hazan 이 국제인간관계연구 학회International Society of Personal Relationships에서 발표한 연구에 따르면 안전기지를 안정적으로 형성하는 데 평균 2년이 걸린다고 합니다.

개인차가 있겠지만 적지 않은 시간이 걸리는 것만은 확실합니다. 1, 2년은 사귀어보고 결혼하라는 말에 근거가 있는 셈이죠. 서로에게 안전기지가 되어줄 수 있는 행동들은 아래와 같습니다.

* 상대의 일 또는 활동 지지하기.
* 상대의 말에 관심과 호기심이 있다는 것을 느끼도록 질문하기.
* 상대의 꿈이나 희망에 대해 잘 듣기.
* 상대의 일, 공부, 친구관계, 사회활동, 취미 등에 관심 갖기.
* 상대의 능력이나 잠재력 인정하기.
* 상대에게 격려를 통해 자신감 북돋워주기.

어떤가요? 건강한 사랑을 오래도록 유지하는 게 쉽지 않겠다는 생각이 들죠? 그래서 조금 어렵더라도 공부하면 좋다는 겁니다.

다행스럽게도 최근의 애착 연구들은 성인애착 유형이 삶의 다양한 경험들에 의해 결정된다는 것을 증명해주고 있습니다. 생애 초기 부모와의 애착 경험이 모든 것을 결정하는 것이 아니라는 거죠.

애착 유형이 변한다는 것과 애착 대상은 한 명이 아니라는 사실을 알고 계신가요? 심리학자 섀너 트링크Shanna Trinke와 킴 바솔로뮤Kim Bartholomew가 1997년에 발표한 연구에 따르면, 사람들은 평균 다섯 명의 애착 대상이 있다고 합니다. 부모 특히 엄마가 중요한 애착 대상이기는 하지만 형제, 자매, 친구, 연인, 배우자 등도 애착 대상이 될 수 있죠.

물론 애착에도 위계가 있어서 힘들 때 가장 먼저 찾게 되는 사람을 주 애착 대상이라고 하는데 영유아기에는 주 양육자가 주 애착 대상이지만 성인이 되면 그 자리는 연인과 배우자에게로 넘어갑니다.

그렇기에 부부간 애착을 쌓으려는 노력을 해야 하는 것이죠. 부부가 서로에게 주 애착 대상이 되어주는 것이 결혼 후에도 사랑을 유지하는 비결이니까요.

애착을 쌓는 데 매우 중요한 세 가지

수전 존슨 박사는 부부가 애착을 잘 쌓기 위해서는 접근, 반응, 교감이라는 세 가지 요소가 필요하다고 말합니다. 즉 부부 애착이 잘 형성되려면 '접근 → 반응 → 교감'의 과정이 잘 이루어져야 하는 것이죠. 그렇다면 각각에 대해 간단히 살펴볼게요.

접근은 단지 상대에게 다가가는 것만을 의미하지 않습니다. 내 기분이 좋거나 상황이 마음에 들 때 상대에게 접근하는 것은 쉬워요. 상대가 하는 행동이 못마땅할 때, 심적으로 불안하고 힘들 때, 의심이 생길 때는 건강한 방식으로 접근하기가 어렵습니다. 따라서 여기서 말하는 접근이란 불편한 상황에서도 내 감정을 조절하여 이 상황을 이해해보겠다는 의지를 상대에게 보여주는 것입니다.

반응은 묻는 말에 대답하는 것 그 이상입니다. 배우자가 애착을 쌓고 싶어 하는 욕구, 나아가 그 욕구가 좌절될까 봐 두려워하는 마음을 이해하고 상대에게 위로와 관심을 보이는 것을 의미합니다.

예를 들어볼까요? 결혼 10년 차 주부 성은 씨는 부쩍 나이 들어 보이는 외모에 자신감을 많이 잃은 상태입니다. 남편은 최근 직장에서 승승장구하는데 자신은 집에서 나이만 먹어가는 것 같아 불안하기도 하고요. 얼마 전에 아래층에 사는 이웃에게 남편보다 연상이냐는 소리까지 들었습니다. 부부관계가 현저히 줄어든 것도 신경이 쓰입니다. 그러던 어느 날 부부 동반 모임에서 다른 여자에게 다정하게 구는 남편을 목격합니다.

여러분이 성은 씨라면 남편에게 어떻게 할 건가요? 이 상황에서 건강한 접근은 뭘까요? 다른 이성에게 상냥하게 구는 배우자를 보며 느낀 자신의 불안함과 두려움을 솔직하게 표현 하는 것입니다. 말만 들어도 힘들어 보이죠?

그 힘든 일을 성은 씨가 했다고 칩시다. 치미는 화를 가라앉히고 남편에게 다가가 그런 행동 때문에 위축되고 불안하다고 털어놓는 건강한 접근을 한 겁니다. 이제 중요한 것은 남편의 반응입니다. 남편의 건강한 반응은 불안한 성은 씨의 마음을 이해하고 그런 의도가 전혀 없었다고 사과하면서 아내를 안심시켜주는 거예요. 반대로 "뭐 그런 거 가지고 속 좁게 그래?" "너 자격지심 있냐?" "그러니 진작 살이나 빼지 그랬어"라며 적반하장으로 나온다면 성은 씨는 앞으로 남편을 신뢰하기 힘들어집니다. 상처받을 것이 두려워 남편에 대한 기대감을 버리고 다른 일이나 취미활동에 빠져들기 십상이죠.

건강한 접근과 반응이 오가면 자연스럽게 교감의 단계로 넘어갑니다. 교감은 감정을 행동으로 보여주는 것인데, 서로 눈을 맞추고 신체적으로 접촉하는 것을 말합니다. 부부간 갈등이 있거나 심리적 유대감이 약하면 스킨십이 어렵습니다. 하지만 애착을 잘 형성한 부부는 자연스럽게 스킨십을 즐기고, 이는 부부간 유대감을 더욱 강화시켜주지요.

다큐멘터리 영화 〈님아, 그 강을 건너지 마오〉에는 76년째 스킨십을 즐기며 교감하는 89세 소녀감성 강계열 할머니와 98세 로맨티스트 조병만 할아버지가 나옵니다. 백발이 성성한 이 노부부는 어딜 가든 손을 꼭 잡고 걸으며 얼굴을 부비고 서로를 안아주지요.

건강한 접근과 반응으로 교감이 이루어지면 바로 이런 일이 가능해집니다. 오죽 드물면 이런 부부의 이야기를 영화로 만들었을까요?

서로의 마음을 헤아리고 배우자의 욕구를 충족시켜주는 것. 말로 써놓고 보면 별거 아닌데 실천하기는 너무 어렵죠. 배우자의 행동을 탓하기 전에 먼저 나는 건강한 접근과 반응을 하고 있는지 되돌아볼 필요가 있습니다. 다음의 질문을 통해 부부가 서로의 교감 상태를 점검해볼 수 있습니다.

아내가 작성해주세요.

나는 남편에게 얼마나 잘 접근하고 있는가?　　0 · · · · · · · · 10

남편은 나에게 얼마나 잘 접근하고 있는가?　　0 · · · · · · · · 10

나는 남편에게 얼마나 잘 반응하고 있는가?　　0 · · · · · · · · 10

남편은 나에게 얼마나 잘 반응해주는가?　　　0 · · · · · · · · 10

우리 부부의 교감 수준은 어떠한가?　　　　　0 · · · · · · · · 10

남편이 작성해주세요

나는 아내에게 얼마나 잘 접근하고 있는가?　　0 · · · · · · · · 10

아내는 나에게 얼마나 잘 접근하고 있는가?　　0 · · · · · · · · 10

나는 아내에게 얼마나 잘 반응하고 있는가?　　0 · · · · · · · · 10

아내는 나에게 얼마나 잘 반응해주는가?　　　0 · · · · · · · · 10

우리 부부의 교감 수준은 어떠한가?　　　　　0 · · · · · · · · 10

서로에게 건강하게 의존하는 법

우리는 누군가에게 의존하는 것을 나약함 또는 부족함으로 여기는 문화에 살고 있습니다. 이러한 개인주의 문화는 개인의 독립성과 자율성에 가치를 너무 크게 둔 나머지 타인을 깊게 의지하고 신뢰하는 것을 경계합니다.

혼자서도 행복해야
결혼해서도 행복하대.
근데 혼자서도 행복하려면
대체 어떻게 해야 하는 건데?

"혼자 스스로 해결해봐." "세상에서 완전하게 믿을 수 있는 건 자기 자신뿐이야." "혼자서도 행복해야 결혼해서도 행복한 거라고."

한 번쯤 들어본 이야기 아닌가요? 가장 가까운 관계에서도 적당한 선을 유지해야 한다, 지나치게 가까워지는 것은 자제하고 혼자서도 행복해지는 법을 배워야 한다…… 그런 말들이요. 그런데 이런 것이 가능한 일일까요? 결혼을 해도 알 수 없는 공허함과 우울함, 외로움은 계속해서 우리를 찾아옵니다. 이런 감정들을 느끼는 이유가 나약함과 의존성 때문이라고요?

'난 아직 미성숙한 인간이야.' '혼자서도 행복하지 못한데 누굴 만난들 행복하겠어?' '정신 차려. 어차피 인생은 혼자야.' 혹 이런 생각으로 스스로를 탓한 적이 있나요? 하지만 이런 느낌은 독립심이 부족하거나 미성숙해서 겪는 감정들이 결코 아닙니다. 최신의 과학은 우리 사회에 만연한 이러한 믿음이 사실이 아니라는 것을 밝혀냈습니다.

대표적인 예로 카네기멜론대학교의 브룩 피니Brooke Feeney 박사의 연구를 살펴볼게요. 2007년 발표된 이 연구는 성인의 독립성과 의존성 간의 관계를 살펴보는 것이었습니다. 두 가지 실험으로 구성되는데, 첫 번째 실험은 의존도가 높은 부부와 그렇지 않은 부부중 누가 더 퍼즐 문제를 독립적으로 푸는가를 알아보는 것이었죠.

가령 '상대의 감정에 얼마나 책임이 있다고 느끼는가?'와 같은 질문을 던져 서로 얼마나 의존하고 있는지 점수를 매깁니다. 그러고는 각각 분리된 다른 방에 데려가 퍼즐을 풀게 하죠. 이때 부부는 서로 직접 볼 수는 없지만 컴퓨터 메시지를 통해 도움을 주고받을 수 있습니다. 의존도가 높은 부부와 낮은 부부 중 누가 더 상대에게 의지해 도움을 받으며 퍼즐을 풀었을까요? 실험 결과는 놀랍게도 서로에게 더 많이 의존하는 커플일수록 독자적으로 더 많은 퍼즐을 완성했고, 힌트나 도움을 거부하는 확률이 높았습니다.

두 번째 실험은 연구실 밖에서 진행되었습니다. 참가자들에게 가까운 장래에 성취하고자 하는 개인적인 목표를 적도록 했죠. 6개월 후 참가자들의 목표 달성 여부를 확인한 결과 역시 놀랍게도 의존성이 높은 부부의 목표 달성률이 더 높은 것으로 나타났습니다. 서로 더 많이 의존할수록 더 많은 독립성과 자율성을 지녔던 것이죠.

독립과 의존은 반대 개념인데 서로 의존적일수록 독립적이라니, 이 역설을 어떻게 설명할 수 있을까요? 애착이론을 제대로 이해한다면 왜 이러한 현상이 나타나는지 고개가 끄덕여질 겁니다. 수백 건의 연구가 이 '의존의 역설'을 명확하게 뒷받침해주고 있기 때문이지요. 그중 가장 유명한 연구가 한 번쯤은 들어봤을 메리 아인스워스Mary Ainsworth의 '낯선 상황 실험'입니다. 이 실험에서 엄마에게 건강하게 의존하는 아기들은 낯선 곳에서도 즐겁게 주변을 탐색하고 독립적으로 놀이를 했습니다. 엄마가 떠나면 울면서 엄마를 찾긴 하지만 엄마가 다시 돌아오면 곧 안정적인 모습을 보이며 주변 환경을 탐색하죠. 하지만 엄마에게 건강하게 의존하지 못하는 아기들은 그러지 못했습니다. 낯선 상황에 적응하지 못하고 지나치게 울거나 무감한 반응을 보였죠.

부모가 자신을 보호하고 지지해줄 것이라고 굳게 믿는 아이가 더 높은 수준의 정서적, 사회적, 학업적 능력을 가진다는 것은 잘 알려진 사실입니다. 하지만 이것이 성인에게도 동일하게 적용된다는 중요한 사실에 대해서는 무지한 것도 현실입니다. 유아의 애착만 중요한 것이 아닙니다. 다 큰 성인에게도 애착은 여전히 생존과 성장을 위한 중요한 수단입니다. 어린아이건 성인이건 의존할 수 있는 대상이 있다고 느낄 때 좀 더 높은 정서적 안정감을 보이므로 역설적으로 더 독립적인 사람이 될 수 있는 것이죠.

강하게 결합된 커플일수록 서로 떨어져 있어도 괜찮다는 말도 같은 맥락입니다. 사랑과 결혼이 나를 구속하고 내 자유를 제한한다고 생각하는 사람은 상대에게 건강하게 의존하지 못했기 때문일 수도 있습니다.

1960년대 볼비의 애착이론이 등장하기 이전에는 아이들을 너무 안아주거나 달래주면 부모에게 지나치게 의존적으로 된다는 인식이 팽배했습니다. 몇 시간을 울어도 그냥 혼자 내버려두거나 신체적인 접촉은 되도록 아끼는 것이 당시의 주된 양육법이었죠. 지금은 학대라고까지 얘기되는 것들이 한때는 보편적인 양육 철학이었다는 사실이 놀랍지 않나요? 다행히도 볼비의 애착이론 이후 전 세계 양육의 판도는 애착 육아로 완전히 바뀌었습니다. 하지만 성인의 애착은 여전히 제자리걸음입니다. 안타까운 일이죠. 어른들이 자신의 힘든 마음을 방임하고 있는 셈이니까요. 어른이라는 이유 하나만으로 모든 것을 감내하면서 이렇게 말할 뿐입니다.

"사는 게 다 힘들지 뭐."

"인생은 고苦야 고."

힘들지 않은 사람을 찾기가 더 어렵습니다. 누군가는 삶 자체가 고통이라고 말하는데, 우리는 고통을 견디며 살기 위해 태어난 것이 결코 아닙니다. 현대인에게 만연해 있는 외로움과 우울의 뿌리에는 성인애착의 부재가 깊숙이 자리잡고 있다는 사실을 인지해야 합니다. 이 사실을 계속해서 외면한다면 삶은 말 그대로 고통이 될 수밖에 없는 것이죠.

이제 결혼생활에도 혁신적인 변화가 일어날 차례입니다. 안전하고 건강하게 결합된 애착의 필요성을 인지하는 겁니다. 나를 지지해주는 누군가가 있다는 믿음이 힘든 세상을 살아가는 힘이 되고 내 자존감을 키운다는 사실, 그리고 그것이 생존을 위해 반드시 필요하다는 사실 말입니다. 부부가 서로 애착을 쌓으려는 노력을 시작하는 것이 행복하고 충만한 삶을 살아가는 지름길입니다.

Part 2에서는 정서중심 부부치료의 핵심 개념을 고리, 정서, 애착 3가지로 압축해 살펴보았습니다. 불화의 고리에서 벗어나고 싶다면 이를 잘 파악하여 우선 불화의 고리 밖으로 나온 다음,

고리 안에 빠져 있는 배우자를 바라보셔야 합니다.

다음 표는 불화의 고리를 시각화해서 나타낸 것입니다. 표 가운데 뫼비우스의 띠처럼 생긴 그림이 보이나요? 정서중심 부부치료에서 빠지지 않는 그림입니다. 이 그림처럼 어디서부터 시작됐고 그 끝이 어딘지 알 수 없이 반복되는 것이 바로 불화입니다. 그래서 이 그림을 이해하는 것이 굉장히 중요한데요. 막막하다면 아래의 예시를 보고 빈칸을 채워보세요. 나와 배우자의 정서를 정리하다보면 이 그림의 의미와 서로에 대한 이해가 높아질 겁니다.

	아내	남편
보이는 부분	아내의 행동 예) 비난하기, 소리 지르기, 계속해서 대화 시도하기	남편의 행동 예) 방어하기, 소리 지르기, 피하기, 경멸하는 투로 말하기
	아내와 남편이 계속 서로를 자극함 	
보이지 않는 부분	아내의 생각 예) 날 사랑한다면 이럴 수 없어. 이건 날 사랑하지 않는다는 거야.	남편의 생각 예) 왜 저 사람은 뭐든 자기 뜻대로 해야 직성이 풀리는 거지? 난 꼭두각시가 아니라고!
	아내의 이차정서 예) 절망, 불안, 우울, 분노	남편의 이차정서 예) 분노, 실망, 외로움
	아내의 일차정서 예) 사랑받지 못하는 것에 대한 슬픔, 존중받지 못하는 것에 대한 상처	남편의 일차정서 예) 아내를 만족시킬 수 없을까 봐 두려움, 패배자처럼 느껴져서 슬픔
	아내의 욕구 예) 사랑받고 존중받고 싶어	남편의 욕구 예) 가정을 평화롭게 하고 싶어, 싸우기 싫어

변화,
건강한 부부생활을
유지하다

7장

서로의 상처를
함께 들여다보는 시간

내가 이 사람과 결혼한 숨은 심리학적 이유

지금까지 정서중심 부부치료를 기반으로 불화를 해소하는 방법을 살펴보았습니다. 어떤 생각과 기분이 드나요? 지금 현재 불화에 빠져 있는 상태라면 아마도 아래 셋 중 하나와 비슷한 생각이 들 거라 생각합니다.

1. 아, 머리를 한 대 맞은 것 같네요. 부부관계를 좋게 유지하기 위해 알아야 하는 게 이렇게나 많은 줄 몰랐어요. 여전히 어렵게 느껴지고 잘 모르겠지만 하는 데까지 해보고 싶네요.
2. 사실 뭐 이렇게까지 노력해야 하나 싶어요. 좀 피곤하다는 느낌이 들어요.
3. 아무리 노력해도 관계가 회복되긴 어려울 것 같아요. 이미 너무 별로인 사람이랑 결혼을 해버린걸요. 시작부터가 잘못됐어요.

1번과 비슷한 생각이 든다면 이 책이 전하는 메시지를 제대로 이해하고 있다는 의미이고, 2번과 비슷한 생각이 든다면 '결혼을 공부해야 하는 다섯 가지 이유'를 다시 읽어보길 권합니다. 스스로에게 충분히 동기부여를 해줘야 할 것 같네요. 어려운 건 3번과 같은 생각이죠. '우린 너무 맞지 않아요'를 넘어 너무 별로인 사람과 결혼해버렸다는 생각을 지울 수 없을 때, 그렇다고 헤어지지도 못할 때 우리는 대체 어떻게 해야 하는 걸까요? 이번에는 '배우자 선택 이론'들을 살펴보며 앞뒤로 꽉 막혀버린 이 난감한 생각을 좀 더 유연하게 바라보는 안목을 길러보고자 합니다. 먼저 이 생각부터 함께 해보죠.

"어디서부터 어떻게 잘못된 걸까요?"

이렇게 묻는다면 사람들은 대부분 첫 만남을 떠올립니다. 그러나 그 시작은 증조할아버지, 증조할머니, 아니 어쩌면 그보다 훨씬 전일 수도 있다는 사실, 알고 있나요? 실제 여러 심리학 이론에서 공통적으로 이야기하는 내용입니다. 배우자 선택 시 원가족에 대대로 내려오는 정서적 체계와 관계의 영향을 받는다는 거죠. 그중 한 이론인 대상관계이론object relation theory을 좀 더 자세히 살펴볼게요.

이 이론은 인간을 독립된 개인이 아니라 타자와의 상호작용 속에 존재하는 것으로 봅니다. 아주 어렸을 때 맺었던 관계의 경험이 일생 동안 영향을 끼친다는 겁니다. 따라서 배우자를 선택할 때도 영향을 받는다고 보죠. 이 이론에 따르면 우리는 어린 시절에 부모로부터 받은 상처나 결핍을 보상해줄 사람을 무의식적으로 배우자로 선택합니다.

이를 보완한 머레이 보웬Murray Bowen의 '다세대 가족체계이론 family systems theory'에서는 배우자를 선택할 때 나와 자아분화는 비슷하되 방어기제는 반대인 사람을 선택한다고 봅니다. 자아분화란 타인과 연결되는 동시에 독립성을 유지하는 성향, 감정과 사고를 분리시키는 일종의 내적 능력입니다. 자아분화 수준이 높은 사람은 사고와 감정 사이에 균형을 잘 잡고 자제력이 있으며 객관적입니다. 자아분화 수준이 낮은 사람은 이성보다 감정에 따라 의사결정을 하는 경향이 있고, 타인의 요구에 민감하게 반응하며 의존적이죠. 자아분화 수준은 원가족, 특히 부모로부터 정서적으로 어떤 영향을 받느냐에 따라 달라집니다. 자아분화 수준이 비슷한 사람에게 매력을 느끼는 동시에 갈등도 느끼는 경우가 많은 것을 보면, 각자 원가족의 정서를 깊이 생각해볼 필요가 있습니다.

다세대 가족체계이론에서 파생된 것이 바로 '이마고 이론 imago theory'입니다. 이 이론에 따르면 서로 반대되는 유형의 사람을 배우자로 선택한다고 봅니다. 그래서 몰두형과 회피형이 서로 끌릴 수밖에 없다고 말하죠. 자신의 상처를 보상해줄 '이미지를 가진 사람'을 고르는 겁니다. 이마고Imago는 라틴어로, 이미지Image라는 뜻이지요. 우리는 아주 어릴 적부터 부모 또는 우리를 길러준 양육자에 대해 긍정적인 이미지와 부정적인 이미지를 무의식 속에 저장시켜두는데 배우자를 선택할 때 부모와 같은 이미지, 특히 부모의 부정적인 이미지를 가진 사람을 선택한다는 것이 이마고 이론입니다.

부모와 비슷한 성격의 사람을 보며 '또 상처받을 수 있겠다'라는 생각 대신에 '내 상처를 저 사람을 통해 치유해야겠어'라고 생각하기 때문에 그런 선택을 하는 건데, 살다 보면 치유는커녕 더 큰 상처를 받는다는 사실을 알게 됩니다. 이마고 이론에서는 부모로부터 받은 상처를 '미해결된 과제'라고 하는데, 이를 치유하고자 하는 욕구와 기대가 좌절되었을 때 부부 불화가 발생한다고 말합니다.

왜 이런 이야길 하냐고요? 잘못된 결혼을 했다는 생각에서 한걸음 떨어져 생각해보자는 겁니다. 아래 질문들을 통해 내가 가족에게서 받은 영향이 배우자 선택 과정과 결혼생활에 어떻게 영향을 끼치고 있는지 생각해보는 것도 큰 의미가 있습니다. 문제가 있을 때는 원인을 알아야 해결방법도 보이는 법이니까요.

- 이 사람을 선택한 데는 내 무의식이 작동한 것은 아닐까? 그건 대체 뭘까?
- 이 사람의 자아분화 수준은 어느 정도일까?
- 나의 자아분화 수준은 이 사람과 얼마나 비슷한가?
- 우리는 어떤 상처를 받으며 자란 걸까?
- 내가 가진 미해결된 과제는 무엇이고, 상대의 미해결된 과제는 무엇일까?

불화를 겪는 많은 부부들은 자신의 상처는 치유받아야 할 것으로, 상대의 상처는 부족함으로 여깁니다. 그 오류에서 헤어나오지 못하면 헤어지는 것밖엔 답이 안 나오죠. 문제는 이러지도 못하고 저러지도 못한 채 자신은 물론 가족 모두가 괴로워지는 상황에 있습니다. 하지만 부족한 상대방 때문에 부부관계가 엉망진창이 됐다는 생각은 버려야 합니다. 더 괜찮은 사람을 만났다면 결혼생활이 더 행복했을 거란 환상도 당연히 버려야 합니다. 누구나 상처가 있고 누구나 부족합니다. 상대의 부족함으로 향해 있는 화살의 방향을 돌려 그런 선택을 한 나 자신과 상대의 상처를 들여다볼 필요가 있습니다.

당신이 내 상처를 알기나 해?

살면서 얼마나 많은 상처를 받았나요? 크고 작은 상처들이 생겼다 아물었다 했을 겁니다. 어떤 상처는 사라지기도 하지만 어떤 상처는 큰 흉터로 남기죠. 길을 가다 모르는 사람에게 다짜고짜 욕을 먹었다고 칩시다. 그것이 평생 두고두고 상처로 남을까요? 아니죠. 사람은 소중한 사람, 사랑하는 사람에게서 쉽게, 그리고 깊게 상처받습니다. 특히 주요 애착의 대상인 부모나 형제, 과거 또는 현재의 연인이나 배우자로부터 받은 상처는 우리의 삶에 지속적으로 영향을 끼치지요.

이 사람이 내 상처를 알 리가 없지. 알려고나 할까?

정서중심 부부치료에서는 과거 또는 현재에 애착욕구가 반복적으로 좌절되어 받은 상처를 '원상처'라고 합니다. 이 같은 원상처는 작은 자극에도 쉽게 반응하기 때문에 사람을 극도로 예민하고 정서적으로 취약하게 만듭니다. 따라서 배우자가 별것도 아닌 일에 화를 낸다면 원상처가 자극받은 건지 살펴봐야 합니다.

진희 씨와 훈민 씨 얘기를 한번 들어볼까요?

"내 남편은 놀라울 정도로 반응이 없어요. 물어봤을 때 바로 대답한 적이 결혼생활 5년 동안 손에 꼽을 정도예요. 대부분 대답을 안 하고, 하더라도 30초 정도 기다려야 개미 소리만큼 작게 해서 들리지도 않아요. 당연히 눈도 안 마주치죠. 눈이 뭐예요, 내 쪽을 쳐다보지도 않는데요. 안 믿기죠? 과장 하나 안 보탠 진실이에요. 휴, 벽이랑 사는 기분…… 느껴보지 않은 사람은 모를걸요. 그뿐이 아니에요. 별일 아닌 일에 화는 또 얼마나 자주 내는지, 말도 마세요. 내가 '자기야, 이따 나갈 때 쓰레기 좀 버려줘'라고 해도 한번을 흔쾌히 들어준 적이 없다니까요. 무슨 부탁이라도 하려고 하면 얼굴부터 찌푸리니 분위기가 엄청 싸해져요. 무슨 말을 못 하겠어요!"

이럴 때는 대개 진희 씨의 말처럼 배우자의 성격을 탓하기 쉽습니다. 내 배우자만 이상하다고 생각하는 거죠. 진심으로 배우자와 좋은 관계를 유지하고 싶다면 이상함 뒤에 숨은 원상처를 들여다봐야 합니다.

훈민 씨에게는 아버지와의 관계에서 받은 깊은 원상처가 있었습니다. 아버지는 그가 어릴 적부터 강압적으로 지시나 명령을 일삼으면서 자식들에게 복종을 강요했어요. "그냥 내가 시키는 대로만 하면 잘 살게 되어 있어!"라고 윽박지르는 동시에 "웃어라, 표정이 그게 뭐니"라며 살가운 표현을 요구했습니다. 훈민 씨는 그런 아버지에게 반항 한번 하지 못하고 사춘기를 보냈습니다.

훈민 씨에게 결혼이란 그런 아버지에게서 벗어나기 위한 일종의 탈출구였습니다. 결혼만 하면 자유로운 삶을 살 수 있을 줄 알았죠. 그런데 어찌 된 게 결혼을 해보니 더 자유롭지 못하다는 생각이 듭니다. 급기야 아버지 대신 아내에게 강압적인 요구를 받는다는 생각이 들면서 아내와 아버지를 동일시하게 됐습니다. 그러자 아내의 말에 바로바로 대답하기 싫어졌고 사소한 부탁에도 무의식적인 거부감과 묘한 반항심이 생겼던 겁니다.

진희 씨의 대화방식과 말투는 남편의 원상처를 계속 건드리고 있었습니다. 원상처를 건드리면 부부는 쉽게 불화의 고리에 빠집니다. 따라서 서로의 원상처를 자극하지 않도록 노력해야 합니다. 진희 씨는 그저 "이것 좀 해줘" 대신 "이것 좀 도와줄 수 있어?"라고 말투를 바꾸는 것만으로도 남편과의 관계를 개선할 수 있습니다.

이러기가 말처럼 쉽다면 부부싸움이 왜 있겠습니까. 쉽지 않아요. 이유가 있습니다. 진희 씨에게도 원상처가 있기 때문입니다. 입장을 바꿔 남편의 이야기를 들어볼까요?

"정말 억울하고 황당해요. 아내는 자기가 원하는 말을 듣지 못하면 못 견뎌 해요. 내가 앵무새도 아니고 원하는 대답만 매번 해줄 수는 없잖아요. 저번에 싸운 날도 그랬어요. 아무 생각 없이 피곤해서 쉬고 있었을 뿐인데 갑자기 아내가 짜증을 내기 시작했죠. 지금 자기 말을 듣는 거냐면서 다짜고짜……. 난 분명히 고개를 끄덕였거든요. 친구들이 만나자고 했는데도 안 나갔단 말입니다. 밖에서 딴짓한 것도 아니고 집에서 TV 보다 잠든 게 그렇게 잘못입니까? 일어나보니 아내가 집을 나갔더군요. 전화도 안 받고요. 그럼 그런 일로 집을 나가는 건 정상인가요? 맨날 욕먹는 나만 나쁜 놈이에요?"

훈민 씨는 피곤해서 낮잠 좀 잤다는데 그것이 진희 씨에겐 집을 나갈 정도로 견디기 힘든 고통이었을까요? 진희 씨의 원상처를 한번 들여다봐야겠네요.

진희 씨는 칭찬에 인색한 어머니 밑에서 자랐습니다. 아무리 애를 써도 어머니를 만족시킬 수 없었죠. 전국 피아노 콩쿠르에서 1등을 해도, 중간고사에서 100점을 받아도, 원하던 대학에 합격해도, 남들이 부러워하는 회사에 일찌감치 취업해도 어머니는 칭찬 한마디 해주지 않았습니다. 애정 표현과 스킨십도 해주지 않았죠.

진희 씨는 어머니에게 사랑받고 있다는 느낌을 받지 못한 채 자랐습니다. 점점 자신에게 만족하지 못하고 타인의 사랑과 인정에 목말라하는 사람이 되어갔죠. 결혼 후에는 이 욕구가 남편에게 향했습니다. 그런데 남편은 사랑과 인정은커녕 묻는 말에 대답조차 제대로 안 했으니 불만이 쌓일 수밖에요. 그렇게 쌓인 불만이 하필 남편이 낮잠 잔 날 폭발했던 겁니다.

"남편이 집에 와서 내 얼굴도 보지 않고 화장실로 들어가버리거나 묻는 말에 제대로 대답해주지 않을 때 분노가 치밀어요. 그러다 곧 우울해지죠. 세상에서 혼자가 된 느낌이에요. 아무도 나를 사랑해주지 않는 그런 느낌이요. 슬픔과 고독만이 내 안에 가득 차 있는 것 같고요. 난 내가 너무 불쌍해요."

이래서 부부관계가 어렵습니다. 서로 각기 다른 원상처가 있는데 자신의 상처를 회복하기 위해 상대의 원상처를 자극하는 일이 생기거든요. 때문에 서로의 원상처가 무엇인지, 그것이 자극되는 순간이 언제인지 파악하려고 노력해야 합니다.

덧붙이자면 원상처는 여러 개일 수도 있고, 과거가 아니라 현재 관계에서 새롭게 생기기도 합니다. 아래 같은 경우는 결혼 후에 생긴 원상처입니다.

"임신했을 때 그 사람은 술집에서 다른 여자들과 놀고 있었어요. 심지어 내 전화를 다른 여자가 받았죠. 그 순간을 절대 잊을 수가 없어요. 지금도 그 생각만 하면 피가 거꾸로 솟아요. 그 뒤로 남편이 아무리 잘해줘도 가끔씩 생기는 증오와 분노는 어쩔 수가 없네요."

특히 중요하고 힘든 시기에 상대에게 적절한 위로와 지지를 받지 못하거나 상처를 받으면 이 역시 원상처가 됩니다. 보통 임신과 출산 시기에 아내에게 잘하라고 하죠? 그때 잘 못하면 평생 원망 듣는다고 말이죠. 맞는 말입니다. 이런 중요한 시기에 겪은 상처는 오랫동안 깊이 남으니까요. 가족을 잃었을 때, 몸이 아플 때, 중요한 일을 앞두고 있을 때, 실직했을 때, 실패했을 때 등 상대의 위로와 지지가 필요한 시기에 받은 상처는 쉽게 사라지지 않고 원상처로 남게 됩니다.

그러나 대부분의 사람들은 상대의 원상처는커녕 자신의 원상처조차 제대로 파악하지 못합니다. 여러분은 어떤가요? 자신과 배우자의 원상처를 알고 있나요? 그것이 언제부터 시작되어 얼마 동안 어느 정도로 영향을 끼쳤는지 알고 있나요? 아래 질문으로 서로의 원상처를 이해해보는 시간을 권합니다.

서로의 상처 이해하기

1. 어린 시절 또는 학창시절에 받은 상처 중 기억에 남는 것은 무엇인가요? 그때를 생각하면 감정이 떠오르나요? 지금도 그 상처 때문에 힘이 드나요?

아내용	남편용

2. 배우자에게 받은 상처 중 가장 기억에 남는 것은 무엇인가요? 그때를 생각하면 어떤 감정이 떠오르나요? 지금도 그 상처 때문에 힘이 드나요?

아내용	남편용
생각	생각
감정	감정

3. 이런 생각과 감정을 상대방에게 보여준 적이 있나요? 없다면 그동안 어떤 생각과 감정을 상대에게 보여주었나요? 혹시 과거의 상처가 현재의 상처에 영향을 주고 있진 않은지 살펴보세요.

아내용	남편용

4. 아래 빈칸을 채워서 서로의 상처를 공유해보세요. 단 상처를 공유할 때는 절대 서로를 비난해서는 안 됩니다. 자신의 감정을 표현하는 데 집중해보세요.

아내용

나에게 큰 상처는 _____ 때였어. 아직도 그 상처가 다 아물지 않았나 봐. 그래서 당신이 _____을 할 때마다 나도 모르게 _____ 감정이 들고 _____ 행동을 하게 되는 것 같아. 하지만 내 깊은 마음속에서는 _____ 감정을 느끼고 있었어. 내가 정말 원하는 건 _____ 야.

남편용

나에게 큰 상처는 ＿＿＿＿＿＿＿＿ 때였어. 아직도 그 상처가 다 아물지 않았나 봐. 그래서 당신이 ＿＿＿＿＿＿＿＿ 을 할 때마다 나도 모르게 ＿＿＿＿＿＿ 감정이 들고 ＿＿＿＿＿＿ 행동을 하게 되는 것 같아. 하지만 내 깊은 마음속에서는 ＿＿＿＿＿＿ 감정을 느끼고 있었어. 내가 정말 원하는 건 ＿＿＿＿＿＿ 야.

부모에 대한 불편하지만 중요한 진실

저마다 생김새가 다르듯 사람들의 원상처 또한 다 다릅니다. 그중 반드시 짚어봐야 할 상처를 소개하고자 합니다. 어떤 상처냐고요? 바로 부모가 주는 상처입니다. 모든 부모는 자식에게 상처를 주게 되어 있으니까요. 아무리 좋은 부모라 할지라도 말입니다. 여러분은 어떤 부모 밑에서 어떻게 자라왔나요? 배우자는요? 그리고 여러분은 어떤 부모로 살고 있나요? 결론부터 얘기하자면 결혼은 부부 둘이 하는 게 아닙니다. 결혼을 하고 나면 양가 부모까지 모두 여섯 명이 함께 사는 것이나 마찬가지입니다. 그만큼 부모가 자식의 결혼생활에 끼치는 영향이 큽니다.

완벽한 부모는 존재하지 않기에 모든 부모는 실수를 합니다. 최선을 다하는 것과 별개로 실수는 불가피하고 상처를 줄 수밖에 없습니다. 어떤 부모들은 진심으로 자식을 사랑하면서도 자식의 인생을 완전히 망쳐버리기도 합니다. 세계적인 심리치료 전문의인 수전 포워드Susan Forward 박사는 이런 부모들을 일컬어 아예 '독이 되는 부모toxic parents'라고 이름 붙였습니다. 대부분의 독이 되는 부모들은 이렇게 말합니다. "난 정말 내 자식을 사랑해요. 자식을 위해 살았다고요." 심지어 자녀들 역시 그 사실을 굳게 믿습니다. "우리 부모님은 정말 좋은 분들이세요. 나를 위해 모든 걸 희생하며 살아오셨죠."

그러나 이렇게 생각한다고 해서 부모가 준 상처로부터 자유로운 것은 아닙니다. 놀랍게도 많은 사람들이 부모로부터 받은 상처를 자각하지 못한 채 성인이 되고 결혼을 합니다. 자신이 역기능적인 가정에서 자랐다는 사실을 모른 채 다시 역기능적인 가정을 만들어버리죠. 지금도 수많은 가정에서 악순환이 반복되고 있습니다. 당신은 이 악순환과 정말 아무 관련이 없는 걸까요?

독이 되는 부모들 밑에서 자란 사람들의 특성
- 자신의 정체성을 찾기 위해 내면이 아닌 바깥에 있는 무언가에 의존한다.
- 일생 동안 만족을 못 느끼며, 무언가를 성취하려는 시도나 노력을 끊임없이 반복한다.
- 자신의 감정이 무엇인지, 진정으로 원하는 것이 무엇인지 느끼지 못한다.
- 있는 그대로의 나 자신보다 남들에게 보이는 내가 더 중요하다고 믿는다.

- 물건이나 돈, 명예, 성공, 권력 등을 통해 존재가치를 보상받으려 한다.
- 술, 약물, 섹스, 관계, 일 등 무언가에 중독되기 쉽다.
- 자신의 부족함을 채워줄 수 있는 완벽한 사람을 찾아 헤맨다.
- 사랑을 받는 법, 주는 법을 모르며, 사랑을 느끼지 못한다.
- 타인을 믿지 못해 자신이 모든 것을 다 결정하거나 반대로 자신의 결정권을 포기한 채 상대를 지나치게 믿어버린다.
- 친밀과 맹목, 관심과 집착, 보호와 통제를 혼동하며 친밀한 관계를 발달시키는 데 어려움이 있다.
- 정서적으로 타인과 연결되는 방법을 알려주는 롤모델이 없다.
- 성인이 되어서도 부모로부터 정신적·경제적으로 독립하지 못한다.
- 우울증, 불안장애, 외상후증후군 등 심리적 어려움을 겪을 확률이 크다.
- 자신을 파괴하거나 목표를 향해 모든 것을 희생하는 사람으로 성장할 가능성이 크다.

독이 되는 부모 밑에서 자란 자식의 특징 중 일부를 추린 것에 불과합니다. 어떤가요? 여러분은 위 특징 중 몇 개에 해당하나요? 해당사항이 있다면 여러분도 독이 되는 부모 밑에서 자랐을 수 있습니다. 나 말고 배우자도 그렇게 자랐을 가능성이 있습니다. 배우자가 어떤 부모 밑에서 자랐는지, 혹시 독이 되는 부모 밑에서 자랐기 때문에 생각보다 큰 상처를 가지고 있는 것은 아닐지, 그 상처가 어떤 방식으로 부부 사이를 파고들고 있는지 점검해보는 시간을 가져보세요. 수전 포워드는 독이 되는 부모의 유형을 아래와 같이 분류했습니다. 나와 배우자가 해당하는 사항이 있는지 살펴보시기 바랍니다.

1. 신처럼 군림하는 부모(자기애성 성격장애 부모)
2. 의무를 다하지 않는 무능한 부모
3. 조종하는 부모
4. 말로 상처 주는 부모
5. 신체적으로 학대하는 부모
6. 알코올 중독인 부모
7. 성적으로 학대하는 부모

똑같은 상처를 대물림하지 않으려면

내가 독이 되는 부모 밑에서 자랐다는 것을 받아들이기란 쉽지 않습니다. 대부분 이를 부정하죠. 겉으로 보면 지극히 평범한 가정이라고 생각하니까요. 심지어 이 정도면 꽤 화목한 가족 아니냐고 생각합니다. 부모 입장에선 이 정도면 못 해준 것 없다고 믿으므로 자녀들 역시 그렇게 생각할 수밖에 없습니다. 다른 부모를 경험해보지 못했으니까 알 길도 없습니다. 독이 되는 부모 밑에서 내재화된 부정적 자아상과 원상처는 스스로를 속일 수 있을지는 몰라도 결혼을 하면 드러나게 마련입니다. 배우자에게는 그 역기능이 너무 잘 보일 테니까요.

다 그런 건 아니지만 독이 되는 부모는 독이 되는 시부모, 장인, 장모가 되기도 합니다. 국내에서 번역 출간된 수전 포워드 박사의 책 중 《시월드에서 쿨한 여자로 살겠다》라는 책은 원제가 'Toxic in-laws'입니다. 본래는 '독이 되는 시부모와 장인, 장모'에 관한 책이죠. 우리나라 책 제목이 재미있죠? 이 책 제목을 보면서 국내에는 여전히 고부갈등으로 괴로워하는 사람들이 더 많다는 걸 느꼈습니다.

이처럼 부부관계는 각자의 부모와의 관계에서도 크게 영향을 받습니다. 부모로부터 정서적으로 완전히 독립하지 못하는 것이 문제인데요, 그게 왜 그렇게 어려운 걸까요? 짧게 설명하자면 가족 내부의 불균형 때문입니다. 가족도 일종의 조직체라 구성원들 간의 균형과 보완이 필요해요. 예를 들어 무책임하고 술밖에 모르는 아버지가 생활력 강하고 착실한 어머니와 균형을 이루고, 엄하고 차가운 성품의 어머니가 따뜻한 성품의 아버지와 균형을 이루는 가정이 많은 것처럼요. 이렇게 가족의 중심인 부부는 서로 부족한 부분을 메우며 살아가게끔 변합니다.

그런데 부부가 서로 균형을 맞추지 못하면 그 불균형의 에너지는 대개 자식을 향합니다. 이른바 '삼각관계'를 만드는 것이죠.

부부 사이가 좋지 않을 때 어머니가 아들을 남편처럼 의지하거나, 아버지가 아내에게 받아야 하는 정서적 필요와 지지를 딸에게서 채우려고 하는 경우가 그렇습니다. 이 같은 삼각관계는 부모의 부부관계뿐 아니라 자녀의 부부관계까지 망쳐놓습니다.

이런 부모들이 바로 독이 되는 시부모, 장인, 장모입니다. 이들의 가장 큰 특징은 경계를 무시한다는 것입니다. 예고 없이 집을 찾아오거나 심한 경우 비밀번호를 알려달라고 하죠. 일하는 중에도 시도 때도 없이 전화를 하는데 전화를 받지 않으면 오히려 꾸중하기도 합니다. 부부의 사적인 사정을 얘기하고 다니는 경우도 있습니다. 자녀가 가정을 꾸린 독립된 성인이라는 사실을 받아들이지 않는 부모죠. 수전 포워드가 정의한 독이 되는 시부모 또는 장인, 장모 유형을 한번 살펴보겠습니다.

1. **비난형** : 자신과 생각이나 선호, 신념, 가치관 등이 다르다는 이유로 며느리나 사위를 무능하거나 부족한 존재로 여깁니다. 부부 사이에 생기는 모든 문제의 원인을 며느리나 사위 탓으로 돌리죠.
2. **소용돌이형** : 결혼한 자녀의 가정을 독립된 가정으로 인정하지 않고 며느리 또는 사위가 자신들의 가족에 소속되었다고 여깁니다. 이런 부모들은 결혼 후에도 자녀가 자신의 곁을 떠나지 않기를 바랍니다. 한마디로 며느리나 사위를 단지 깍두기마냥 추가되는 존재로 여기는 것이죠.
3. **통제형** : 며느리나 사위가 고분고분하게 자신의 말을 따르고 비위를 맞

줘줄 것을 조건부로 애정을 줍니다. 자녀가 가정을 유지할 능력이 없다고 생각하기 때문에 사사건건 참견합니다.

4. **혼돈의 달인형** : 자신들의 문제를 스스로 해결하지 못하고 가족 전체에 그 짐을 지웁니다. 부득이하게 어려워진 부모를 돕는 것과 무모한 사업, 보증, 도박 등으로 스스로를 망친 부모를 구제하는 건 전혀 다른 문제죠.

5. **거부형** : 잔인하고 화를 자주 내며, 종종 고의적으로 며느리나 사위에게 상처를 주는 유형입니다. 이런 사람들은 자녀의 부부관계를 이간질시켜서 이혼을 부추기기도 합니다.

혹시 이런 시부모, 장인, 장모와 함께하고 있나요? 가정을 유지하는 기본 단위는 부부여야 합니다. 부부가 서로 합심하여 순기능을 발휘해야 가정이 긍정적으로 확장되죠. 고부갈등, 장서갈등뿐 아니라 남편보다 자식이 더 중요하다는 아내도 부부의 순기능을 방해하는 요소입니다. 아내보다 술, 게임, 도박이 더 중요하다는 남편도 마찬가지고요. 더 심각한 문제는 이렇게 부부의 순기능을 방해하는 요소들이 대물림된다는 것입니다.

우리의 부모 세대에는 이런 방해요소들 때문에 이혼하는 일이 많지 않았습니다. 옛날 대가족 체계에서는 부부 중심이 아니라 가족 중심으로 가정의 균형이 유지되었으니까요. 대가족의 질서를 유지하기 위해서는 위계질서가 필요했고, 따라서 존경이나 효를 중시했습니다. 고부갈등이 있어도 그냥 참고 살았죠. 그게 효라고 생각하면서요.

　이제는 그렇지 않습니다. 시대가 완전히 달라졌습니다. 지금은 대가족은 거의 사라졌고 핵가족 시대잖아요. 가정의 질서를 유지하는 가장 중요한 단위는 부부가 되었습니다. 상하관계보다 수평관계가 중요해졌고 부모보다는 배우자를 우선시해야 가정이 잘 유지되는 구조로 바뀐 것입니다. 이제는 부부 사이가 소원하면 그 가정은 깨지게 되어 있습니다. 부부 사이가 좋아야 효도도 가능하고 긍정적인 자녀양육도 가능하니까요.

　아직도 이를 깨닫지 못한 사람들이 존재한다는 게 안타까울 뿐입니다. "왜 우리 부모님한테 잘하지 않는 거야!"라고 배우자를 탓하기 전에 먼저 배우자에게 잘하세요. 자신의 부모에게 효도하기를 기대하기보다 배우자와 단단한 애착을 쌓는 일이 먼저입니다 그래야 제대로 된 효도도 할 수 있습니다.

　자녀양육도 마찬가지입니다. 부부관계가 좋지 않다고 자녀를 끌어들여서는 절대 안 됩니다. 저명한 가족치료사인 존 브래드쇼John Bradshaw는 자녀가 배우자보다 더 중요한 존재가 된다면 그것은 잠재적인 정서적·성적 학대일 수 있다는 충격적인 말을 한 바 있습니다. 자녀를 끌어들여 배우자와 삼각관계를 만드는 것은 자녀를 매우 나쁘게 이용하는 것이며, 이는 곧 학대라는 사실을 명심하기 바랍니다. 저주는 3대를 간다는 말이 있지요. 자녀에게 불행을 물려주고 싶지 않다면 부부가 각자 부모로부터 독립해야 하며 서로 간에 애착을 쌓으려는 노력을 반드시 해야 합니다.

독이 되는 양가 부모와 거리 두는 법

 이런! 생각의 흐름이 이런 식이면 곤란합니다. 부모 탓하며 불평하는 것도 통하는 나이가 있습니다. 성인이 되었다면 본인 삶은 스스로 책임져야죠. 그들을 탓하라고 독이 되는 부모와 시부모, 장인, 장모를 소개한 게 아닙니다. 오히려 그 반대예요. 부모님 역시 그들의 부모님에게 받은 상처가 있을 테니까요. 일부러 자녀에게 정서적으로 학대하는 부모는 거의 없습니다. 대부분 자기 부모의 방식을 자녀에게 되풀이하고 있을 뿐이죠. 그것이

자녀를 망치고 있다고 누군가 알려주었다면 아마 그렇게 하지 않았을 겁니다.

완벽한 부모는 없습니다. 스크래치 하나 없는 맑은 유리구슬처럼 아이를 키울 수는 없어요. 그런 이상적인 관계가 좋다고 말할 수도 없고요. 모든 인간관계에서 균열과 갈등은 피할 수 없습니다. 중요한 것은 상처를 회복하는 힘, 대를 물려 내려오는 상처의 고리를 끊어내고 불화에서 벗어나 심신의 평화를 찾는 일이죠.

그렇다고 부모와 정반대 사람이 되려고 노력할 필요는 없습니다. 부모와 다르게 살기 위해 필사적으로 애쓴다는 것 자체가 부모에게 정서적으로 매여 있다는 걸 방증하는 것입니다. 이들은 부모와 다르게 사는 데 에너지를 너무 쏟은 나머지 진짜 자신으로 살기 위한 에너지를 소진하고 맙니다. 그러니 노력의 방향을 살짝 바꿔야 합니다.

전문가들이 가장 먼저 제안하는 것은 '상처와 분노 등을 충분히 느껴라'입니다. 숨어 있던 상처와 감정을 있는 그대로 느끼고 충분히 슬퍼하고 분노하세요. 자신을 힘들게 한 부모에게 원망과 분노를 느끼는 것은 아주 자연스러운 일이죠. 그러나 충분히 분노했다면 그 분노를 떠나보내야 합니다. 그래야 진짜 나로 설 수 있는 자리가 생기니까요. 심리치료사 비벌리 엔절Beverly Engel은 부모와의 정서적 분리를 위해 다음과 같은 과정이 필요하다고 조언합니다.

- 스스로에게 어렸을 때 받지 못했던 지지와 격려하기.
- 표현하기 두려웠던 분노 표현하기.
- 부모로부터 받은 모든 고통과 거부, 유기, 배반에 대해 충분히 슬퍼하고 가슴 아파하기.
- 채워지지 않은 욕구 인정하기.
- 그러한 욕구를 부모에게 기대할 시기는 지났다는 사실 받아들이기.

부모로부터 건강한 한계와 경계선을 긋는 일은 결코 쉽지 않고 시간 또한 오래 걸립니다. 그래도 포기하지 마세요.

독이 되는 부모, 시부모, 장인, 장모를 바꿀 수는 없지만 나 자신은 바꿀 수 있습니다. 그들과 어떤 관계를 맺을지 결정하는 힘을 기르는 것은 온전히 내 몫이에요. 고부갈등이나 장서갈등에서 벗어나기 위한 구체적인 조언들은 아래와 같습니다.

- 경계를 분명히 하기.
- 어떠한 기대도 하지 않기.
- 사랑과 인정을 바라지 않기.
- 배우자에게 나쁜 사람이라는 느낌 주지 않기.
- 정중하게 거절하기.
- 자책하지 않기.
- 그들의 상처를 이해해보기.

- 의도를 추측하거나 성격으로 일반화하지 않고 행동에만 초점 맞추기.

이때도 역시 중요한 건 배우자와 한배를 타야 한다는 사실입니다. 부부가 서로에게 가장 중요한 존재가 될 때, 부모로부터 받은 상처를 극복하고 진정한 자유와 독립을 누릴 수 있습니다.

8장

좋은 관계를 위한 부부의 소통법

남과 여, 소통이 힘들 수밖에 없는 이유

자동차의 기본 부품과 본체를 만들어 조립을 완성했다고 칩시다. 그렇다고 차가 굴러가나요? 기름을 넣어야 달릴 수 있습니다. 기름을 한 번만 넣으면 되나요? 떨어질 것 같으면 바로 다시 채워야 합니다. 부부관계도 마찬가지입니다. 결혼생활에서 기름 역할을 하는 것이 바로 의사소통이에요.

머리로 아무리 달달 외워 공부해도 실제 소통을 제대로 못하면 불화에서 벗어날 수 없습니다. 그런데 많은 부부가 기름도 넣지 않고 차가 잘 굴러가길 바라고 있어요. 그러면서 차가 이상해서 굴러가지 않는다며 계속 차 탓만 하죠.

소통, 중요한 건 알지만 잘 안 됩니다. 왜 그럴까요? 여러 가지 이유가 있겠지만 결정적인 이유 중 하나가 친밀감에 대한 남녀 차가 크다는 데 있습니다. 어느 정도의 차이냐고요? 상대가 전혀 원치 않는다고 느껴질 정도의 차이예요. 물론 둘 다 친밀함을 원하는데도요. 그래서 이번에는 과학이 알려주는 남녀 차이를 알아보며 서로를 이해하는 시간을 갖으려 합니다.

'남녀가 다른 거 누가 모르나요?'

이런 말이 나올 만해요. '남녀 차이'라는 말은 식상할 정도로 널리 알려졌죠.

"남자에게는 자기만의 동굴이, 여자에게는 이야기가 필요합니다!"

심리학자 존 그레이John Grey가 《화성에서 온 남자, 금성에서 온 여자》라는 책에서 태생적인 남녀 차이를 인정하라고 외친 지 25년이 넘게 지났어요. 당시에는 과학적 근거가 빈약해서 비판을 받기도 했지만 이제는 뇌과학의 발달로 남녀 차이를 인정하지 않을 수 없게 되었습니다. 자기공명영상MRI으로 찍어보면 남자와 여자의 뇌가 명백한 차이를 보이니까요. 물론 최근에는 남녀

간 뇌 구조엔 별 차이가 없고 우린 모두 지구에서 왔다고 주장하는 뇌과학 연구들 역시 늘어나고 있지만, 그럼에도 많은 부부치료 전문가들은 남녀 간의 차이를 인정해야 한다고 조언합니다.

"자기야, 나 오늘 진짜 기분 나쁜 일 있었잖아. 옆 동 우진이 엄마 있지? 그 엄마가 나보고 젊어 보이려고 애쓰는 것 같대. 그렇게 타이트하고 짧은 옷 입으면 안 불편하냐고 하면서. 입을 삐쭉거리면서 비꼬듯이 말하더라니까."

"뭘 그런 걸로 기분 나빠 하고 그래. 별것도 아닌데. 그럴 수도 있지."

많은 아내들이 원하는 건 문제해결이 아니라 그저 들어주는 것, 내 편이 되어 내 마음을 이해해주는 것, 즉 공감입니다. 그런데 많은 남편들은 이게 참 안 됩니다. 물론 대체로 그렇다는 것이지 모든 남편이 그렇다는 건 아닙니다.

그나저나 왜 대다수의 남편들은 공감이 그리도 어려운 걸까요? 이런 의문을 풀어줄 한 가지 재미있는 실험을 소개하겠습니다. 2011년 방송된 EBS 〈다큐프라임〉에서는 남녀의 공감능력이 어떻게 다른지 실험을 했습니다. 생후 24개월 된 아기와 엄마가 놀이를 합니다. 놀이를 하다 엄마가 손에 피가 나고 아픈 척 연기를 하죠. 놀랍게도 여자아기는 엄마의 고통에 공감하며 마치 자기 손이 아픈 듯 우는 반면, 남자아기들은 귀찮은 표정으로 엄마 손을 밀어내거나 심지어 웃기까지 합니다. 마치 '나더러 어쩌라고?' 하는 표정으로 말이죠. 겨우 24개월 된 아기들에게도 이렇게 분명한 남녀 차가 존재한다는 사실이 놀랍지 않나요? '이러니 서로 싸울 수밖에!'라는 말이 절로 나옵니다.

이것이 과학이 밝혀낸 남녀 간의 공감능력과 체계화 능력의 차이입니다. 두뇌에 분명한 남녀 차이가 존재하는 것이지요. 체계화 능력은 구조적이고 분석적 사고를 하는 능력이죠. 심리학자인 사이먼 배런코언Simon Baron-Cohen의 공감하기—체계화하기 이론empathizing-systemizing theory에 따르면, 사람들을 공감(E)과 체계화(S)의 두 측면으로 분류했을 때, 남성의 뇌는 체계화가 우세하고 여성의 뇌는 공감이 우세한 것으로 나타났습니다.

세계적인 부부치유 전문가인 마크 건고어Mark Gungor는 남자의 두뇌를 여러 개의 작은 박스에, 여자의 뇌를 엉켜 있는 철사공에 비유합니다. 남성들은 차·돈·직장·아내·아이·게임·술 등 한 박스에 오로지 한 가지만을 담고, 한 박스를 열 때 절대 다른 박스를 건드리지 않는다고 설명하죠. 그래서 한 가지 일에 집중도가 높은 거라고요. 반면 철사공과 같은 여성의 두뇌는 마치 초고속 인터넷망처럼 빠르게 이곳저곳을 연결시킵니다. 그래서 생각이 꼬리에 꼬리를 물 수밖에 없고 멀티태스킹이 가능합니다.

마크 건고어는 이에 덧붙여 남자들에겐 여자들이 모르는 박스가 하나 있다고 하는데, 그것은 바로 빈 박스입니다. 빈 박스는 말 그대로 무념무상의 공간으로 생각을 안 해도 되는 곳인데, 남자들이 가장 좋아하는 박스라고 해요. 남자들은 시간이 나거나 스트레스를 받으면 영락없이 그 빈 박스에 들어가고 싶어 합니다. 흔히들 말하는 '혼자만의 동굴'이 빈 박스와 비슷한 개념이겠네요. 특히 마크 건고어는 아내들에게 남편들이 빈 박스 안에서 무슨 생각을 하는지 궁금해하지 말라고 충고합니다. 왜냐하면 아무 생각도 하지 않고 있으니까요. 그러나 대부분의 여자들은 이 빈 박스를 싫어합니다. 스트레스를 받으면 여자들은 말을 해서 풀어야 하니까요.

유머로 하는 얘기가 아닙니다. 워싱턴대학교의 레지니 버마 Ragini Verma 교수의 연구에 따르면, 900명이 넘는 사람들의 뇌 연결망을 면밀히 살펴봤더니 놀랍게도 뇌를 사용하는 연결망에 남녀 간에 뚜렷한 차이가 있는 것으로 나타났습니다. 남성들의 경우는 좌뇌끼리, 또는 우뇌끼리의 연결이 좌뇌와 우뇌를 오가는 연결보다 활발한 것으로 나타났죠. 반면 여성은 좌뇌와 우뇌 사이의 연결이 훨씬 활발하게 나타났습니다. 쉽게 말해 남성들은 한 가지 생각에 집중하다가도 다른 생각으로 쉽게 전환하는 데 비해 여성들은 동시에 여러 가지 생각을 한다는 것입니다.

그러니 부부가 서로 다르게 생각하고 행동할 수밖에요. 사랑에 대해 연구하는 뇌과학자이자 인류학자인 헬렌 피셔 Helen Fisher 는 남녀 차이에 관해 흥미로운 진화론적 청사진을 제시했습니다.

여성들은 누군가와 친밀한 대화를 할 때 서로 얼굴을 맞대고 눈을 맞추며 이야기하지요. 물론 남성들도 회사에서 힘들었던 일이나 오늘 어떤 일들이 있었는지 이야기합니다. 그러나 은밀한 비밀이나 걱정, 두려움 등을 말하는 데 여성만큼 익숙하지 않지요. 바에서 이야기하는 모습을 상상해보세요. 여성들은 바에서조차 몸을 돌려 마주 보고 이야기를 하지만 남성들은 앞에 놓인 술잔을 보며 각자 이야기하지 않던가요.

헬렌 피셔는 이러한 남녀의 차이를 이해하기 위해 수백만 년 전 선조들의 삶을 그려보라고 합니다. 집에서 여성들은 아기와 눈을 맞추고 달랬던 반면 사냥을 나간 남성들은 나란히 엎드려 사냥감을 기다렸을 겁니다. 남성들의 생존현장에서는 공감보다는 감정적으로 분리되는 편이 훨씬 더 유리했죠. 육아와 공동체 환경에 노출된 여성들은 관계 지향적인 행동이 생존에 더 유리했고요.

이러한 생물학적 진화가 무색하게도 남자들은 더 이상 사냥을 할 필요가 없고, 여자들도 한데 모여 공동체 생활을 하지 않습니다. 모든 여자들이 육아를 하는 것도 아니며, 남녀 역할 구분은 점차 사라지고 있죠. 우리가 진화한 방식이 현재의 삶과 맞지 않는 겁니다. 전문가들은 이를 두고 '진화적 불일치evolutionary mismatch'라고 부릅니다. 남성과 여성의 몸과 두뇌가 현재의 환경에 맞지 않게 진화했다는 것이죠. 그렇기에 진화된 몸과 두뇌의 상태와 현재 상황의 간극을 이해하고 인정하는 것이 더욱 필요합니다.

아내가 동성 친구와 대화하듯이 남편과 대화하기를 바라는 건 재앙을 부를 뿐입니다. 남편들 역시 가정이 잘 돌아가길 바란다면 아내의 말을 잘 들어주고 애정을 표현해야 합니다. 수천 년에 걸쳐 다르게 진화한 남녀의 뇌 구조의 차이를 이해하고 이 같은 진화적 불일치를 줄여나가기 위해 서로 노력할 때 비로소 진정한 소통의 길로 들어설 수 있습니다.

배우자의 언어를 이해하고 있나요?

지구상에 존재하는 5,000~7,000개의 언어 중 우리는 보통 모국어인 한국어만 유창하게 하죠. 외국어는 어떤가요? 영어뿐 아니라 아랍어, 에스파냐어, 중국어, 일본어…… 생각만 해도 머리가 지끈거리지 않나요? 현지에서 오래 살지 않는 한 10년 동안 외국어를 공부해도 유창하게 말하기가 어렵습니다. 갑자기 웬 언어 타령이냐고요? 부부간의 사랑을 유지하기 위한 특별한 기술 중 하나가 바로 언어를 배우는 일이기 때문입니다. '사랑의 언어'라는 오글거리는 이름의 녀석이죠. 부부가 친밀감을 쌓기 어려운 또 다른 이유는 바로 사랑의 언어가 각자 다르다는 데 있습니다.

말로만 사랑한다는 건
딱 질색이에요.
설거지해주는 게
더 좋죠.

사랑은 스킨십이죠.
근데 아내는 아닌가 봐요.
아내가 귀찮아하는 것 같으면
많이 서운해요.

기념일 챙기는 게 최고죠.
선물을 보면 날 얼마나
신경 쓰는지 알 수 있어요.

먼저 세계적인 인간관계 전문 상담가인 게리 채프먼^{Gary Chapman}의 유명한 다섯 가지 사랑의 언어를 소개할게요. 인간은 각자 사랑을 느끼는 중요한 사랑의 언어가 있는데, 분류해보면 아래와 같이 크게 다섯 가지로 나뉜다는 이론입니다.

1. 인정하는 말
2. 함께하는 시간
3. 선물
4. 봉사
5. 스킨십

1 인정하는 말

이들은 말을 중요하게 여깁니다. 말을 통해 사랑을 확인하고 정서적 친밀감을 쌓죠. 배우자가 이런 유형이라면 칭찬이나 고마움을 표현하고, 상대를 인정하고 높여주는 말을 해보세요. 말투 역시 중요합니다. 온화한 말투를 쓰고 명령하는 말투는 피해야 합니다. "이거 해줘"보다 "이거 해줄 수 있어?"가 좋습니다. 비슷한 말 같아도 이들에겐 그 차이가 매우 큽니다. 일주일에 한 번은 새로운 칭찬거리를 찾아서 꾸준히 칭찬해보세요.

2 함께하는 시간

이들은 단순히 같이 있는 것을 좋아하는 게 아닙니다. 함께하는 시간에 무엇을 하는가가 중요합니다. 게리 채프먼은 상대에게 완전히 집중하는 것, 진심 어린 대화, 함께 활동하는 것 등을 꼽습니다. 따라서 이들과 이야기할 때는 온전히 집중하고 다른 행동을 하지 않는 것이 좋습니다. 집중할 수 없는 상태라면 차라리 솔직하게 말하는 편이 낫죠. "미안, 지금 나 너무 바쁜데 한 시간 뒤에 이야기할까?"라고 말이죠. 배우자가 이런 성향이라면 지금 당장 "이번 주말에 같이 하고 싶은 거 있어?"라고 물어보세요.

3 선물

이들에게 선물은 곧 사랑을 표현하는 방식입니다. 선물 자체보다 선물에 담긴 의미, 상대가 나를 위해 준비했다는 사실에서 사랑을 느끼죠. 배우자가 이런 성향일 경우, 경제관념이 서로 다르다면 갈등이 생길 수 있습니다. 선물의 수준이 서로 다를 수 있으니까요. 다행히 이들은 아주 작은 선물에서도 사랑을 느낍니다. 게리 채프먼은 심지어 길에서 주운 조약돌이나 막대기, 깃털 같은 것도 의미를 부여한다면 멋진 선물이 될 수 있다고 말합니다. 이들을 위해 작지만 소중한 선물을 준비해보세요. 어디에서도 살 수 없는 것을 선물받았다며 더욱 감동을 느낄 겁니다.

4 봉사

여기에서 봉사는 배우자가 원하는 것을 해주는 걸 뜻합니다. 이들은 배우자가 자신을 위해 무언가를 실질적으로 해줄 때 사랑을 느낍니다. 말하기 전에 알아서 뭔가를 해주길 원하므로, 배우자는 이들이 뭘 원하는지 잘 모를 수도 있어요. 하지만 의외로 쉬운 곳에서 사랑을 느끼게 할 수 있습니다. 이들에게는 사랑한다는 말 백 마디보다 한 번의 설거지가 더 효과적일지도 모릅니다. 배우자가 이런 성향이라면 무엇을 원하는지 물어보고 실천함으로써 사랑을 표현해보세요.

5 스킨십

이들은 말 그대로 포옹하기, 입 맞추기, 부부관계 등 배우자와의 신체 접촉을 매우 중요하게 여깁니다. 배우자가 거부하면 자신을 사랑하지 않는다고 오해하죠. 그렇다고 아무 때나 스킨십을 하려 하면 역효과만 납니다. 중요한 건 배우자가 좋아하는 방식이어야 한다는 겁니다. 새로운 방법을 자꾸 시도하면서 그것이 좋은지 싫은지 물어보세요. 이런 사람들에게는 말로 하는 위로와 사랑보다 몸으로 하는 것이 더 와 닿습니다. 산책을 하거나 쇼핑할 때 손을 꼭 잡거나 자주 안아준다면 배우자의 사랑을 제대로 느낄 겁니다.

여러분은 어떤 사랑의 언어로 상대에게 이야기하고 있나요? 부부가 가진 사랑의 언어가 같다면 얼마나 좋겠습니까만 안타깝게도 그러기가 쉽지 않습니다.

"와, 역시 맛있네! 당신 요리가 최고야."

남편의 칭찬에 아내는 이렇게 말하죠.

"맘에도 없는 립 서비스는 됐고, 고마우면 이따 빨래나 해."

'인정하는 말'이 사랑의 언어인 남편은 자기 방식대로 사랑을 표현했지만, '봉사'가 사랑의 언어인 아내는 받아들이지 못합니다. 아내가 시큰둥하게 반응함으로써 남편의 접근을 차단하는 일이 반복되면 남편은 점점 사랑의 언어를 표현하기를 꺼리게 됩니다. 결국 서로 친밀감을 쌓는 길은 요원해지죠. 누가 잘못한 게 아니에요. 사랑의 언어가 다른 것뿐입니다. 한 사람은 중국어로 말하고 한 사람은 에스파냐어로 말하면서 "이상하네. 왜 이렇게 말이 안 통하지? 우린 성격 차이가 너무 심한가 봐요! 대화가 전혀 안 된다고요" 하는 셈이에요. 언어가 다르니 통하지 않는 게 당연한데 말이에요.

일단 나와 상대가 가진 사랑의 언어를 파악하고 상대방의 사랑의 언어를 배우세요. 진실한 사랑만으로는 부족합니다. 사랑을 전달하는 기술이 필요해요. 사랑을 표현할 때는 반드시 상대방의 사랑의 언어로 표현해야 합니다. 나이 서른에 아랍어를 새로 공부해야 하는 수준의 어려움일지라도 배울 가치는 충분히 있으니 포기하지 마세요.

사랑의 언어는 한 개일 수도, 다섯 개일 수도 있습니다. 사랑의 언어가 여러 개인 배우자와는 친밀감을 형성하기가 더 쉽습니다. 하지만 안타깝게도 대부분의 사람들은 사랑의 언어를 한두 개만 구사한다고 합니다. 본인과 상대의 사랑의 언어가 무엇인지 한번 생각해보세요. 게리 채프먼은 사랑의 언어를 모르겠다면 다음의 세 가지를 관찰해보라고 합니다.

- 사랑을 표현할 때 자주 사용하는 방법이 무엇인가?
- 자주 불평하는 게 무엇인가?
- 자주 부탁하는 게 무엇인가?

우리는 대개 한두 개의 사랑의 언어를 구사하는 부모 밑에서 성장하면서 모국어를 익히듯 사랑의 언어를 학습해왔습니다. 그래서 부모가 구사하는 사랑의 언어를 제외하면 잘 모르죠. 따라서 나머지 사랑의 언어는 배워야 하고 꾸준한 연습이 필요합니다. 연애의 감정은 일시적이고 사랑을 지속하기는 어렵습니다. 건강한 사랑을 오래도록 유지하고 싶다면 의식적인 노력이 필요합니다. 사랑의 언어를 이해하고 상대의 사랑의 언어를 배우려고 한다면 결혼 후에도 부부의 사랑은 더욱 깊어질 것입니다.

기분 좋은 대화를 위한 세 가지 팁

미국에서는 일찍부터 부부의 의사소통에 많은 관심을 기울여왔습니다. 1970년대 미네소타주립대학교 가족연구소에서 개발된 '협동적 결혼기술 프로그램'은 지금까지 전 세계 70여 만 쌍에 이르는 부부들의 의사소통을 개선시켰다고 합니다. 이 프로그램에 따르면 올바른 소통을 위해서는 대화의 태도와 기술이 모두 필요합니다. 아래 예시를 보고 자신과 배우자는 어떤 경우인지 한번 점검해보세요.

- 존중하지 않는 태도 + 미흡한 대화 기술 → 학대, 상처
- 존중하지 않는 태도 + 적절한 대화 기술 → 조종
- 존중하는 태도 + 미흡한 대화 기술 → 오해
- 존중하는 태도 + 적절한 대화 기술 → 협동

이번에는 대화의 태도와 기술 역량을 모두 높이는 방법을 알아보겠습니다. 그중에서도 일상에서 반드시 활용해야 하는 소통의 기본 원칙을 소개해볼까 합니다. 어길 시에는 백발백중 불화의 고리로 들어가는 원칙들이에요.

의사소통의 과정을 아주 간단하게 설명하자면 이 두 가지입니다. 말하기와 듣기.

초등학교 때 말하기 듣기 과목을 배우셨죠? 괜히 그 교과목을 만든 게 아닙니다. 소통을 잘한다는 건 결국 잘 말하고 잘 듣는다는 것이니까요. 문제는 초등학교 1학년 때부터 배우는 이 말하기와 듣기가 성인이 되어서도 잘 안 된다는 거예요.

흔히 의사소통 능력을 성격 차이와 혼동하는 경우가 많은데, 의사소통 능력은 성격과 관계없이 기본적으로 학습을 통해 형성됩니다. 그러므로 본인 또는 배우자가 소통능력이 부족하다면 성격을 탓할 게 아니라 성장 과정에서 부모나 친구로부터 이런 기술을 모방하고 학습할 기회가 없었다고 생각하세요. 뭐라고 한다고 해서 달라질 문제가 아니라, 몰라서 그렇게밖에 말하지 못하

고 듣지 못하는 것이니 배우고 훈련해야 한다는 거죠. 내가 먼저 잘 말하고 잘 들어주면 상대도 자연스럽게 배우게 됩니다. 그러니 여러분이 먼저 실천해보세요.

실천은 어떻게 하냐고요? 세계적인 부부치료 전문가인 존 가트맨 박사는 과학적인 연구를 통해 이에 대한 명확한 가이드라인을 제시합니다. 그는 무려 47년간 3,000쌍의 부부를 연구했죠. 특히 자녀양육, 생활비 사용, 가사분담 등 일상의 소소한 주제들에 대해 부부에게 15분 동안 대화를 시키고 그 대화를 분석한 후 10년 뒤 그 부부의 이혼 가능성을 예측했는데, 그 정확도가 무려 91퍼센트였습니다. 가트맨이 수십 년의 연구 끝에 내린 결론은 이혼의 원인이 성격 차이, 싸움의 원인, 또는 싸움의 내용이 아니라 소통하는 방식, 특히 싸우는 방식에 있다는 겁니다.

여기까지 읽으면서 아마 많은 깨달음이 있었을 겁니다. 앞으로는 노력해봐야지, 각오도 했을 테고요. 그러나 부부갈등은 어떤 깨달음이나 통찰만으로는 결코 해결되지 않습니다. 일상에서 소통법을 훈련하고 실천해야 변화할 수 있죠. 가트맨 박사는 부부를 살리는 의사소통법의 훈련을 강조하며 다양한 방법을 제시하는데, 여기서는 세 가지 핵심 방법에 대해서 알아보고자 합니다. 부부 불화의 고통에서 벗어나고 싶다면 최소한 이 세 가지는 일상에서 반드시 실천하고 습관을 들여보기 바랍니다.

1 듣기 싫은 소리를 한 번 했다면 좋은 말을 최소한 다섯 번 이상 해주세요.

부부갈등을 극복하는 핵심은 바로 긍정성이지만 부부가 서로에게 싫은 소리를 전혀 안 할 수는 없습니다. 부정적인 감정도 필요할 때가 있죠. 앞에서도 언급했지만 가트맨 박사에 따르면, 싫은 소리를 한 번 했다면 칭찬이나 애정표현 같은 긍정적인 표현을 최소한 다섯 번 이상 해야 합니다. 가트맨 박사는 또한 안정적인 결혼생활을 유지하는 부부는 긍정적인 말을 부정적인 말보다 다섯 배 이상 많이 사용했고, 금슬이 매우 좋은 부부들은 스무 배 이상 많이 쓴다고 밝혔습니다. 반면 불안정한 결혼생활을 하는 부부는 평균적으로 긍정적인 말보다 부정적인 말을 여덟 배나 더 많이 쓰는 것으로 나타났습니다. "고마워" "예쁘다" "멋져" "사랑해" "잘하네" 등의 칭찬뿐 아니라 긍정적인 리액션도 중요합니다.

2 이혼으로 가는 네 가지 독만큼은 자제해주세요.

가트맨 박사는 비난, 경멸, 방어, 담쌓기 이 네 가지를 이혼으로 가는 독이라 했습니다. 3,000여 쌍의 대화를 분석한 결과, 이 네 가지 독을 높은 빈도로 사용하는 부부의 92퍼센트는 결국 파경을 맞이했습니다. 비난은 불평과는 다릅니다. 불평에는 구체적인 정황이 있지만 비난은 상대를 부정하고 공격하는 것이 목적입니다.

"나 진짜 힘들어. 우진이가 새벽에 일어나서 계속 우는 바람에 거의 못 잤다니까. 오늘은 자기가 애랑 좀 놀아줘야 하는 거 아냐?"

이건 불평이에요.

"애는 나 혼자 키워? 세상 일 혼자 다 해? 요즘 남자들은 일찍 퇴근해서 책도 읽어주고 놀아주고 한다더라. 자기는 애를 한 번이라도 제대로 봐준 적 있어? 어쩜 그렇게 늘 자기밖에 모르냐?"

이건 비난이에요.

바가지를 긁을 때는 대부분 비난입니다. 그 근간에는 네가 문제라는 생각이 깔려 있죠. 비난을 하면 상대는 결코 내가 원하는 것을 해주지 않아요.

대화를 할 때해보세요. 상대방의 행동을 비난하지 않으면서 내 감정을 이야기하는 대화법인데, 이미 많은 연구에서 그 효과가 입증되었어요. 일명 'I 메시지'라고 하는데, 내 감정과 욕구를 비난 없이 전달하는 방법입니다. "나 요즘 혼자 육아하려니까 너무 힘들어. 자기 도움이 필요해. 저녁에 아기 목욕시키고 놀아주는 건 자기가 해주면 안 될까? 난 대신 청소할게."

이렇게 말하기란 물론 여러분의 예상대로 쉬운 일이 아닙니다. 우리가 로봇도 아니고 감정이 있는 인간인데 부글부글 끓는 상황에서는 쉽지 않죠. 그래서 부부관계가 어렵습니다. 원래 귀한 것은 쉽게 얻을 수 없는 법, 의식적으로 신경 써서 말하다 보면 열에 한 번, 다섯에 한 번 비슷하게 말이 나올 거예요. 그러다 보면 점점 습관으로 굳어질 테고요.

'방어'는 말 그대로 상대의 비난으로부터 자신을 보호하는 행위입니다. 그런 비난을 듣기엔 억울하다는 거죠. 하지만 방어는 소극적 형태의 비난입니다. 내 잘못이 아니라는 건 곧 네 잘못이라는 뜻이니까요.

"당신 오늘까지 공과금 내기로 한 거 냈어? 그거 안 내면 연체료 있잖아. 지난번에도 그러더니 설마 또 안 낸 건 아니지?"

"내가 얼마나 바쁜지 몰라? 그런 건 당신이 좀 하면 안 돼?"

방어하는 입장에서는 상황 탓을 하며 내 잘못이 아니라고 말하지만, 안타깝게도 이 때문에 그냥 넘어갈 수 있는 문제가 큰 싸움으로 번집니다. 자신의 잘못을 부분적으로나마 인정해보세요.

"아 맞다. 오늘 너무 바빠서 깜빡했어. 내가 하기로 해놓고 미안. 지금 바로 이체할게."

이렇게 방어 대신 미안하다는 말 한마디면 불필요하고 소모적인 갈등을 피할 수 있습니다.

'담쌓기'는 감정을 감당할 수 없어서 그냥 회피해버리는 것을 말합니다. 상대를 투명인간 취급 한다든가, 전화기를 꺼놓는다든가, 각방을 쓴다든가 하는 것들이 다 담쌓기예요. 담쌓기는 당하는 사람뿐 아니라 본인도 엄청난 스트레스를 받습니다. 담쌓기 역시 이혼으로 가는 지름길입니다. 그러니 정 담쌓기를 하고 싶다면 대신 타임아웃을 선언하세요.

"잠깐만. 나 지금 감정이 너무 격해져서 그러는데 30분 뒤에 다시 얘기하자."

이렇게 말하고 다시 대화를 시도해보는 겁니다. 물론 타임아웃에도 남녀차, 개인차가 있습니다. 2006년 MBC 다큐멘터리 〈행복한 부부 이혼하는 부부〉에서 뇌파 반응을 측정한 결과, 여성은 다툼 후 5분 안에 흥분 뇌파가 가라앉았지만 남성은 25분이 지나도 흥분 상태가 계속 유지되었습니다.

마지막 독인 '경멸'입니다.

"웃기고 있네. 네가 그런 주제나 되는 줄 알아?"

"네가 그걸 한다고? 지나가던 개가 웃겠다."

경멸은 의도적으로 모욕감을 주는 것인데 비난보다 훨씬 강도가 높습니다. 경멸에는 '너는 나보다 열등한 존재'라는 우월의식이 담겨 있기 때문입니다. 경멸은 이혼을 부르는 네 가지 독 중 가장 강력한 독입니다. 가트맨 박사는 행복한 부부들도 비난·방어·담쌓기는 종종 하지만 경멸은 거의 사용하지 않는다면서, 어떤 경우라도 경멸은 피해야 한다고 조언합니다.

부부간 소통 불능으로 괴롭다면 지금부터 이 네 가지를 자제해보세요. 잘되지 않을 땐 다음 두 가지 생각이 도움이 될 겁니다.

"그래, 나라고 다 잘하는 건 아니잖아."

나의 부정적인 특성을 먼저 떠올려보세요. 완벽한 사람은 없죠. 나 역시 잘못한 부분이 있을 겁니다.

"그래, 저 사람도 인간인데 실수할 수도 있고, 못난 부분도 있고, 상처도 받겠지."

상대를 연민의 마음으로 바라보세요. 그리고 상대가 적이 아닌 내 편임을 기억하세요.

3 작은 순간을 놓치지 마세요.

애착을 바탕으로 하는 신뢰는 아주 작은 순간들을 거치면서 구축됩니다. 기념일, 근사한 장소, 선물, 기쁜 사건 등 특별하고 신나는 일들로 쌓이는 것이 아니라 일상의 아주 작은 순간들이 쌓이고 쌓여 생겨납니다. 가트맨 박사는 이를 '슬라이딩 도어의 순간'이라고 표현했습니다.

어느 날 저녁, 나는 전부터 읽던 추리소설을 끝까지 다 읽을 작정이었다. 누가 살인범인지 짐작은 갔지만 결말을 보고 나의 추리가 맞는지 확인하고 싶었다. 독서에 한창 몰두하다가 잠시 침대 머리맡에 책을 내려놓고 욕실로 갔다. 거울 앞을 지나치는 순간, 거울에 반사된 아내의 얼굴이 언뜻 보였다. 머리를 빗고 있는 아내는 슬퍼 보였다. 슬라이딩 도어의 순간이었다.

내 앞에는 두 갈래 길이 있었다. '오늘 저녁은 아내의 슬픔에 귀 기울일 여유가 없어. 소설을 읽고 싶단 말이야'라고 생각하며 욕실을 슬쩍 빠져나올 수도 있었다. 하지만 인간관계를 연구하는 사람답게 행동하기로 마음먹고 욕실 안으로 들어갔다. 나는 아내의 머리칼에서 빗을 빼내며 물었다.

"자기야. 무슨 일 있어?"

아내는 자신이 지금 왜 슬픈지 말해줬다. 신뢰가 쌓이는 순간이었다. 나는 아내가 나를 필요로 할 때 곁에 있어줬다. 내가 원하는 것만 생각하지 않고 아내와 감정을 나눴다. 우리의 연구 결과에 따르면 신뢰란 이런 순간들이 모여서 만들어진다.

이런 순간 하나가 뭔가를 결정하지는 않는다. 그러나 당신이 빈번하게 발길을 돌리는 쪽을 선택한다면 부부 사이의 신뢰는 허물어질 것이다. 서서히, 아주 서서히.

―《마음가면》중에서 재인용

가트맨 박사는 아무것도 아닌 듯 보이는 사소한 순간들의 무관심이 어쩌면 바람을 피우는 것보다 더 위험할 수 있다고 말합니다. 특별한 사건도 없고 관계가 깨졌다는 명확한 증거도 없지만 아주 서서히, 그리고 깊게 신뢰가 무너지니까요. 하루 5분만 투자해서 배우자에게 관심을 보이고 애정을 표현해보세요. 사랑은 일상의 작은 대화에서 시작됩니다. 부부관계를 오랫동안 건강하게 유지하고 싶다면 작은 순간을 결코 흘려보내지 말기 바랍니다.

화가 났을 때는 이것부터 지켜라

아내는 여행을 가면 좋은 숙소에서 묵고 싶은데 남편은 최저가 민박에서 묵길 원합니다. 아내는 외식을 하고 싶은데 남편은 집밥이 먹고 싶고요. 아내는 바닥에 떨어진 머리카락 한 올을 견디지 못하는데 남편은 쓰레기 더미 위에서도 잘 잡니다.

이런 상황에서 좋은 말을 한다는 건 노력이라는 단어로도 한참 부족해 보입니다. 도를 닦는 것이 이런 게 아닐까요? 부부는 원하는 것이 너무 다르고 각자의 욕구가 좌절되었을 때 겪는 감정은 여과 없이 흘러나와 서로를 더욱 멀어지게 합니다. 상황이 좋을 때 예쁘게 말하기는 쉽습니다. 문제는 상황이 좋지 않을 때, 서로의 욕구가 충돌될 때죠. 대체 어떻게 말해야 다름을 받아들이고 갈등을 최소화할 수 있을까요?

가장 좋은 방법은 앞에서 소개한 'I 메시지'로 말하는 것입니다. 핵심은 내 감정과 욕구를 정확하게 말하는 것입니다. 예를 들어볼게요. 결혼기념일을 잊어버린 배우자에게 서운한 상황이라고 칩시다. 상대에게 어떻게 서운한 감정을 표현할 건지 한번 생각해보거나 적어보세요. 사람은 기분이 나쁘면 자동적으로 그 원인을 남에게서 찾는 경향이 있어요. 그러므로 일반적인 의식의 흐름은 '내가 기분이 나쁜 이유는 저 사람이 기념일을 챙겨주지 않아서야. 그러니까 저 사람이 잘못한 거라고!' 이렇게 됩니다.

당연히 생각한 대로 말이 나오죠. "뭐 잊은 거 없어? 어떻게 그럴 수가 있어? 너무해"라고요. 문제의 원인이 상대가 되면서 본의 아니게 상대를 비난하는 전형적인 'YOU 메시지'를 사용하는 거죠.

내 기분의 원인을 나에게서 찾아야 합니다. 내 안의 감정과 욕구를 들여다봐야 해요. 어떻게 하는 건지 감이 잘 오지 않는다면 '비폭력 대화NonViolent Communication, NVC'를 공부해보길 권합니다. 심리학자인 마셜 로젠버그Marshall Rosenburg 박사가 인간관계를 잘 유지하기 위해 개발한 대화법입니다. 'I 메시지' 대화에 담아야 하는 네 가지 요소를 강조합니다. 상황에 대한 객관적 관찰, 내가 느낀 감정, 그 밑에 숨은 욕구, 그리고 원하는 것에 대한 정중한 부탁이 그것입니다. 예를 들어 살펴볼까요?

'내가 지금 보고 들은 건 뭐지?' **관찰**

↓

'지금 내 감정은 어떻지?' '그런데 내가 왜 이런 감정을 느끼는 걸까?' **감정**

↓

'내 안에 어떤 욕구가 좌절됐기에 이런 기분이 들지?' '내가 원하는 건 뭐지?' **욕구**

↓

'내가 상대에게 바라는 건 뭘까?' **부탁**

상대는 그 어디에도 없죠? 핵심은 나에게 있으니까요. 화가 나는 순간에는 이 네 가지 요소를 떠올려보세요. 이 네 가지를 순서대로 생각하고 말하는 연습을 하다 보면 아래와 같이 표현하게 될 겁니다.

뭐 잊은 거 없어? 어떻게 그럴 수가 있어? 너무해.

↓

당신이 결혼기념일을 잊었을 때 **관찰**

솔직히 실망스럽고 서운했어. **감정**

나에게는 여전히 사랑받고 있다는 걸 확인하는 게 굉장히 중요하거든. **욕구**

내년에는 꽃 한 송이라도 사다 주면 좋겠는데, 내 부탁 들어줄 수 있어? **부탁**

이제 기분 나쁜 상황이 오면 심호흡을 한번 크게 하고 위의 순서대로 생각하고 말하는 연습을 해보세요. "당신 나한테 관심이 있기나 한 거야?" 대신 "나는 자기가 집에 돌아오면 오늘 어땠는지 물어봐주면서 꼭 안아주면 좋겠어"처럼 구체적인 행동을 요청하세요. 그래서 누가 배우자에게 "아내(남편)가 왜 화가 났죠? 원하는 게 뭐였나요?"라고 물어봤을 때 배우자가 바로 대답할 수 있어야 내가 제대로 말을 한 겁니다. 부부관계뿐 아니라 모든 인간관계에서 적용 가능한 대화법이니 꼭 활용해보시길 바랍니다.

9장

결혼 후에 내가 단단해지는 습관들

변하지 않는 상대 때문에 힘든가요?

마지막으로 불화를 극복하기 위해 혼자 애쓰는 이들을 위한 이야기를 하려고 합니다. 많은 사람들이 혼자만 노력하는 게 지친다고 하죠. 먼저 두 가지를 생각해봅시다.

- 불화를 겪는 부부 중 부부 둘 다 노력하는 경우가 많을까?
- 내가 상대를 바꿀 수 있을까?

이미 정답을 알고 계실 거예요. 답은 둘 다 '아니오'입니다. 불화를 겪는 부부 중 둘 다 노력하는 부부는 많지 않습니다. 상식적으로 생각해봐도 함께 노력하는 부부라면 불화의 고리에 빠지지 않았겠죠.

설령 부부 모두 노력하는 중이라 해도 불화에 빠져 있으면 상대의 노력이 보이지 않습니다. 내가 힘든 것만 보이게 마련이죠. 그러니 이제 혼자만 노력해서 힘들다는 생각은 지워버리세요. 불화는 원래 지치고 힘든 겁니다.

"불화를 극복하려고 정말 많이 노력했어요. 그런데 그 사람은 변하질 않아요."

맞는 얘깁니다. 그런데 우리가 지치는 이유는 변하지 않을 상대를 변화시키려고 하기 때문이에요. 내 맘에 들지 않는 부분만 바뀐다면 부부 사이가 괜찮아질 거라고 착각하는 겁니다. 안타깝게도 결코 상대를 바꿀 수 없습니다. 그러니 불가능한 일에 소중한 인생을 낭비하지 마세요.

"그럼 어떡해요? 노력하라면서요."

이 말도 맞아요. 아이러니하게도 '너무 애쓰지 않는 것'도 중요한 노력 중 하나랍니다. 부부관계에 대한 공부는 그동안 우리가 해온 공부와는 다른 종류입니다. 시험공부처럼 열심히 한다고

나만 공부하면서 노력하면 뭐하나요. 혼자 노력하는 것도 지치네요.

성적이 확 오르는 그런 공부가 아니잖아요. 아무리 열심히 공부해도 혼자서는 관계를 좋게 만들 수 없습니다. 이럴 때는 두 가지 트랙을 동시에 밟을 필요가 있습니다.

트랙 1: 부부관계를 위해 필요한 것이 무엇인지 배우고, 이를 실천하는 것.
트랙 2: 부부관계에서 한걸음 물러나 나 자신을 돌보는 것.

손안의 모래를 꽉 쥐면 모래알이 손가락 사이로 다 빠져나가 버리지만 힘을 빼면 그대로 남아 있죠. 관계도 마찬가지에요. 때로는 관계에서 한걸음 물러나 나를 돌보는 편이 더 나을 때도 있습니다. 그렇다고 너무 멀리 물러나면 안 되지만요. 상대에게 접근해야 하는 순간에는 다가가야 하거든요. 융통성이 필요합니다. 어느 순간 어떤 트랙을 달려야 할지 다른 사람은 말해줄 수 없습니다. 매 순간 스스로 결정해야 해요. 바로 그 결정을 잘 내리기 위해 결혼을 공부해야 하는 것입니다.

상대를 변화시킬 수는 없지만 나는 변화할 수 있습니다. 상대에게 가 있는 신경을 내 안으로 가져오세요. 관계 회복을 위해 노력했는데도 여전히 변하지 않는 상대 때문에 괴롭다면, 지금이 나를 보듬고 이해하고 탐구하고 치유하며 사랑해줘야 하는 시간일지도 모릅니다. 내가 나와의 관계를 잘 맺어야 타인과의 관계도 잘 맺을 수 있는 법이니까요. 행복한 결혼을 하는 가장 쉬운 방법은 좋은 배우자를 만나는 것이 아니라 내가 좋은 배우자가 되는 것이라는 사실을 잊지 마세요.

더불어 자신만의 세계를 구축하라고 조언하고 싶습니다. 남편과 어떤 관계가 되든, 자녀가 어떤 상황에 놓이든 절대 무너지지 않을 나만의 세계 말입니다. 아직 그런 세계가 없다면 나만의 프로젝트를 계획해보세요. 그것이 소소한 취미든 비즈니스든 상관없습니다.

가족을 위해 존재하는 나의 세계가 아니라, 오롯이 나만을 위한 세계여야 한다는 점이 중요합니다. 물론 그 프로젝트가 단순히 취미에 그치지 않고 경제활동으로까지 이어진다면 더 좋습니다. 그래야 쉽게 질리지도 않고 어려운 상황에서도 계속 프로젝트를 이어나갈 동기가 생기거든요. 그러니 시작은 취미 삼아 해도 가능하면 수입을 창출하는 것을 염두에 두고 목표를 세워보세요.

당장 경제활동을 하라는 뜻이 아닙니다. 경제활동을 하는 것과 나만의 세계를 만드는 것은 엄연히 다른 일입니다. 회사를 다니고 있어도 나만의 프로젝트가 없는 사람들이 더 많은 것처럼요. 나만의 프로젝트의 본래 목적은 나를 나답게 만들어주는 것입니다. 따라서 그 프로젝트를 이루었다고 해서 끝이 아닙니다. 평생 함께 갈 수 있는 친구 같은 존재죠.

나만의 프로젝트를 시작하기에 늦은 나이란 없습니다. 오늘부터 바로 고민을 시작해보세요. 내가 좋아하는 것은 무엇인지,

내가 잘하는 것은 무엇인지에서부터 출발하면 됩니다. 이 프로젝트가 잘 돌아갈 때 튼튼한 나만의 세계가 구축되고, 이는 아무리 절망적인 상황에서도 나를 굳건히 지탱해주는 큰 힘이 됩니다.

이혼에 대한 조금 다른 고찰

"내일 죽더라도 오늘 이혼하고 싶어요." 1998년, 이 할머니(70세)가 남편 오 할아버지(90세)를 상대로 이혼소송을 내며 한 말입니다. 그러나 서울가정법원의 담당 판사는 해로하라는 단순한 논리로 기각 판결을 내렸고, 이 일은 '칠순 할머니 이혼소송 기각 사건'으로 불리며 황혼이혼의 물꼬를 트는 계기가 되었습니다.

29세에 결혼한 할머니는 가부장적인 남편과의 결혼생활을 '창살 없는 감옥'이었다고 표현했습니다. 종교의 자유도 없었고, 경제권도 없었으며, 아들 내외 앞에서 폭언을 듣고 쫓겨나 무일푼으로 떠돌이생활을 하는 수모를 당하기도 했죠. 남편이 집에 들어오는 소리만 들려도 심장이 쿵쾅거리고 평생 눈치를 살피며 살았다고 했습니다. 남편에게 자신은 아내가 아니라 종이고 하인이었다는 겁니다.

단 하루를 살더라도 이혼하고 싶다는 할머니의 이혼소송이 기각되자 많은 사람들이 분노했고, 사회 각계각층에서 할머니를 돕는 움직임이 있어났습니다. 결국 2년의 재판 끝에 할머니는 자유를 얻었습니다. 재산분할 3분의 1, 위자료 5,000만 원이라는 대법원 판결을 받아내면서 이혼소송에서 승리한 것입니다.

누가 이 이혼을 잘못된 선택이라 말할 수 있을까요. 때로 이혼은 처절한 인권의 외침이자 자유를 향한 투쟁이기도 합니다. 이혼을 하는 게 더 나은 상황도 분명히 존재하죠. 부부관계를 공부하는 목적은 이혼을 막는 것이 절대 아닙니다. 괴로운 관계를 참아가며 남은 생을 고통 속에서 사는 것도 바람직한 선택은 아니니까요. 이혼으로 새로운 행복을 찾을 수 있다면 하지 않을 이유가 없죠. 그러나 안타깝게도 이혼을 통해 행복을 찾는 일은 생각보다 어렵습니다.

왜냐고요? 이혼 후에 행복해지기 어려운 이유는 결혼 후에 행복해지지 않는 이유와 똑같습니다. 바로 이혼에 대한 무지와 그릇된 환상 때문이죠. 결혼에도 공부가 필요하듯 이혼에도 공부가 필요합니다. 이혼하는 사람들은 대부분 이혼에 대한 엄청난 환상을 가집니다. 이혼이 불행한 결혼을 끝내는 유일한 답이라 여기는 거죠. 이혼만 하면 괴로움에서 벗어나 고요하고 편안한 삶이 시작될 것 같지만 완벽한 이혼이란 결코 이루어지지 않을 공허한 꿈에 불과합니다.

서울가정법원 상담위원인 이남옥 소장은 이혼 남녀의 90퍼센트가 이혼을 후회하며, 대부분 재혼 후에도 초혼과 같은 문제를 경험하고 있다고 말합니다. 또한 한국가정법률상담소 곽배희 소장의 연구 결과를 보면, 이혼 부부의 82.5퍼센트가 이혼에 관한 정보나 전문가의 도움이 없는 상태에서 이혼을 결정한 것으로 나타났습니다. 이혼을 후회하는 사람들 중 87.8퍼센트가 이혼 숙려기간이 필요하다고 생각합니다. 준비 없는 이혼은 삶을 더 괴롭게 할 뿐입니다. 따라서 충분한 정보를 가지고 이혼 문제에 현실적으로 접근하는 것이 중요합니다. 대한민국 민법 제840조에서 제시하는 재판상 이혼의 원인은 아래의 여섯 가지입니다.

1. 배우자에게 부정한 행위가 있었을 때
2. 배우자가 악의로 다른 일방을 유기한 때
3. 배우자 또는 그 직계존속으로부터 심히 부당한 대우를 받았을 때

4. 자기의 직계존속이 배우자로부터 심히 부당한 대우를 받았을 때

5. 배우자의 생사가 3년 이상 분명하지 아니한 때

6. 기타 혼인을 계속하기 어려운 중대한 사유가 있을 때

1970년대까지만 해도 이혼의 주된 사유는 1~5항과 관련된 문제들, 즉 생존과 관련된 문제였습니다. 폭행을 하거나 처자식을 내버린 채 외도를 하거나 경제적으로 전혀 가정을 돌보지 않거나 하는 문제들이죠. 물론 이런 문제들이 지금도 주된 이혼사유이긴 합니다만 최근 달라진 이혼 문화라면 6항 기타 사유가 급증했다는 것입니다.

성격차이, 가치관 차이, 대화가 안 됨, 애정 없음 등 추상적인 이유로 이혼을 하는 경우가 늘고 있습니다. 통계청 조사에 따르면, 2004년에 이미 성격차이로 인한 이혼이 50퍼센트에 육박한 것으로 나타났습니다. 가족 간의 불화는 10퍼센트, 배우자의 부정행위는 7퍼센트, 학대 및 폭력은 4퍼센트에 불과했죠. 다른 건 다 참아도 삶의 가치관이 다른 것은 용납할 수 없는 사람들이 많아진다는 뜻이에요. 생존의 문제를 넘어 삶의 질과 관련된 문제들이죠. 다만 이런 이유들은 눈에 쉽게 보이지 않기 때문에 이혼을 결정할 때 더 혼란스러울 수 있고, 그래서 충동적일 수 있습니다.

아무리 생각해도 이혼이 최선인 것 같다면 이혼 공부를 반드시 해야 합니다. 그래야 이혼에 따른 상처와 손실을 최소화할 수

있습니다. 이 책을 읽으며 결혼을 공부하는 것처럼, 이혼도 이혼 후에 펼쳐질 삶을 미리 살펴보고 이혼을 결정하기에 앞서 체크해야 할 것들을 떠올려보기 바랍니다.

이혼 시 체크리스트

	예	아니오
• 내가 원하는 것을 이혼을 통해 얻을 수 있는가? (내가 원하는 것은 무엇인가?)	☐	☐
• 이혼 후 내가 살아갈 하루를 구체적으로 그려보았는가?	☐	☐
• 이혼 후에 경제적으로 자립할 수 있는가? 취업이 가능한가? (어떤 직종에 취업할 수 있는가?)	☐	☐
• 이혼 후 삶이 더 힘들고 곤궁해져도 이혼을 후회하지 않을 자신이 있는가?	☐	☐
• 이혼 후 어느 지역에서 살 것인지 결정했는가? 아이가 있다면 전학 문제를 고려했는가?	☐	☐
• 주변에 도움을 받을 가족이나 지인이 있는가?	☐	☐
• 협의 이혼을 할지, 아니면 부득이하게 재판 이혼을 할지 판단이 섰는가?	☐	☐
• 위자료, 재산분할, 양육권, 양육비에 대해 배우자와 원만한 협의가 가능한가?	☐	☐
• 아이는 누가 키울 것인지 생각했는가? 누가 키워야 더 아이에게 좋을지 고려했는가?	☐	☐
• 양육권을 주장할 경우 받아들여질 확률은 얼마나 되는지 알고 있는가?	☐	☐

- 현실적으로 받을 수 있는, 또는 줄 수 있는 양육비는 얼마인지 알고 있는가? ☐ ☐
- 친권은 누가 가져갈 것인지 생각했는가? ☐ ☐
- 이혼 후 필요한 한 달 생활비는 얼마인지 알고 있는가? 이를 마련할 방안이 있는가? ☐ ☐
- 재판 이혼을 해야 한다면 승소할 확률에 대해 변호사와 상담해본 적이 있는가? ☐ ☐
- 재판에서 승소하기 위해 상대의 유책 또는 사실관계를 입증할 자료를 가지고 있는가? ☐ ☐
- 입증할 자료가 실제 재판에서 효력이 있는 자료인지 정확히 알고 있는가? ☐ ☐
- 실제 받을 수 있는 재산분할과 위자료의 액수 범위를 대략적으로 알고 있는가? ☐ ☐
- 배우자의 재산 상황을 파악하고 있는가? 배우자가 임의로 재산을 처분하는 것을 막아 공동재산을 보전할 방안을 알고 있는가? ☐ ☐
- 이혼소송이 진행되는 동안 지낼 거처는 있는가? ☐ ☐
- 재판을 위한 변호사 선임 비용이 얼마인지 알고 있는가? 이를 마련할 수 있는가? ☐ ☐
- 이혼소송 중 배우자나 배우자의 가족으로부터 받을 수 있는 위협이나 폭력으로부터 스스로와 자녀를 보호할 장치가 있는가? ☐ ☐
- 이혼이 더 나은 삶을 위한 시작임을 확신하는가? ☐ ☐

이혼을 생각했다면, 그래서 이 체크리스트를 살펴봤다면, 이 중 얼마나 많은 질문에 '예'라고 대답했나요? 만약 위의 질문에 모두 '예'라고 대답하고 이혼 후 잘 살아갈 자신이 있다면 괜찮습니다. 그렇지 않다면 아직 이혼하긴 이르다고 봅니다.

숨이 막혀 당장이라도 이혼하고 싶은 생각이 들수록 더 냉정하게 생각하세요. 이혼은 그런 상태에서 결정해서는 안 됩니다. 아주 신중한 접근이 필요합니다. 이혼은 지금 상태를 못 견딜 때 하는 것이 아니라 더 나은 삶이 구체적으로 그려질 때 해야 한다는 사실을 잊지 마세요.

거듭 강조하지만 갑자기 하는 이혼은 위험합니다. 이혼을 조금 유예한다고 해서 삶이 당장 어떻게 되지 않습니다. 부디 결혼을 공부하며 부부관계를 되돌아보고, 나 자신을 보듬고 사랑하는 과정을 통해 후회하지 않을 결정을 하는 힘을 기르기 바랍니다.

현명하게 내 감정 조절하는 법

나만 노력하는 것 같아 억울한 마음이 들어도 불화를 극복하기 위해서는 둘 중 한 명이라도 감정을 조절하고 불화의 고리 밖으로 나가서 끊어버리는 것이 중요합니다. 불화를 극복하기 위해서도, 아니면 설령 헤어지는 길을 선택하더라도 감정조절은 중요합니다. 감정조절 역시 쉽지 않습니다. 결혼생활에서 분노가 치밀어오를 때 어떤 감정이 올라오나요? 이런 감정들을 어떻게 조절하고 있나요? 흔히 사용하는 잘못된 감정조절 방법은 아래와 같습니다.

- 상대를 비난하기
- 상대에게 분노 표출하기
- 부정적으로 생각하기
- 회피하기
- 그냥 참기
- 술, 담배, 쇼핑, 게임, 섹스 등에 탐닉하기
- 폭식하기

혹시 이런 방법으로 감정조절을 하고 있진 않나요? 감정을 조절하는 데는 다양한 방법이 있는데 많은 사람들이 위와 같은 나쁜 방법을 습관처럼 사용합니다. 다행히도 감정조절 능력은 타고나는 게 아니라 학습과 훈련으로 향상시킬 수 있습니다. 감정조절 훈련에 앞서 기억해야 할 점은 아래와 같습니다.

1 부정적인 감정은 저절로 없어지지 않습니다.
해소되지 못한 감정은 우리 몸 어딘가에 그대로 남아 쌓여 있습니다. 심하면 화병이 되기도 하지요. 결국 신체 건강에도 영향을 끼칩니다.

2   감정 전달과 감정조절을 구분해야 합니다.

감정을 전달하는 것과 감정을 조절하는 것은 엄연히 다른 영역입니다. 타인에게 내 감정을 전달하기 전에 먼저 스스로의 감정을 조절해야 합니다.

3   감정을 푸는 것도 상황을 봐가며 해야 합니다.

감정 해소라는 말을 오해하지 마세요. 날것의 감정을 시도 때도 없이 무차별적으로 분출하라는 것이 아닙니다. 감정을 해소하는 것도 상황을 봐가면서 해야죠. 눈도 마주치지 않는 배우자 앞에서 펑펑 울면서 감정을 표현한다고 그 감정이 해소될까요? 감정은 안전한 사람에게 안전한 장소에서 안전한 방식으로 해소해야 합니다. 감정이 너무 격해졌다면 일단 진정부터 하고 그 후에 풀어야 합니다.

4   부정적인 감정조절법은 감정조절 능력을 감소시킵니다.

아이러니하게도 사람들은 부정적인 감정을 조절하기 위해 부정적인 생각을 합니다. 불안을 떨치기 위해 계속 걱정을 하거나, 최악의 결과를 예측하거나, 기분 나쁜 일을 곱씹어 반추하거나,

자신이나 타인을 비난하죠. 이것들도 감정을 조절하기 위한 시도이긴 한데, 이런 부정적인 감정조절법은 오히려 부정적인 감정을 증폭시킬 뿐 효과는 없습니다.

감정을 조절하는 방법은 많습니다. 감정조절을 연구하는 심리학자 브라이언 파킨슨Brian Parkinson과 피터 토터델Peter Totterdell은 정서조절 방법이 무려 200여 가지나 있다는 것을 밝혀냈습니다. 그러나 많은 사람들이 몇 개 안 되는 빈약한 감정조절법만 사용합니다.

긍정적으로 감정을 해소하는 방법에는 어떤 것들이 있을까요? 여러 분류법이 있지만 크게 네 가지로 나눠보았습니다.

진정하기

- 이완훈련
- 복식호흡
- 스스로에게 위안이 되는 말 하기
- 상황 피하기
- 다른 일에 집중하기
- 친구 만나기
- 통화하기
- 좋아하는 일 하기

생각을 바꾸거나 수용하기

- 불쾌한 감정의 원인, 부정적인 생각 파악하기
- 부정적 사고를 긍정적이고 대안적인 생각으로 바꾸기
- 상황을 받아들이기
- 감정을 느끼고 표현하기
- 감정에 이름 붙이기
- 감정을 타인에게 표현하기
- 감정을 글로 쓰기(일기, 편지, 메모 등)
- 불쾌한 감정을 알아차리고 있는 그대로 받아들이기 (마음챙김)
- 안전한 상황에서 부정적 감정 분출하기(소리 지르기, 울기 등)

행동하기

- 조언이나 도움 구하기
- 좋아하는 사람 만나기
- 기분전환 활동하기(쇼핑, 음악감상, 청소, 영화감상, 운동, 요리, 독서 등)

먼저 자신이 어떤 감정 상태인지 알아차리는 것이 필요합니다. 감정이 격하다면 일단 진정하는 게 먼저입니다. 물론 감정을 진정시키는 것은 임시방편이므로 감정이 누그러진 다음에는 다른 직접적인 방법을 사용해야 합니다. 감정조절에 대해서는 많은 책이 출간되어 있으므로 다양한 방법을 시도해보고 자신에게 맞는 방법을 찾길 권합니다.

여전히 감정조절이 타인을 위한 희생이라고 생각하나요? 감정조절은 누구를 위해서가 아니라 바로 나 자신을 위해서 필요한 거예요. 다양한 감정조절 방법을 상황에 맞게 자유자재로 활용한다면, 감정의 노예가 아닌 감정의 주인으로 사는 삶을 경험할 수 있습니다.

배우자를 향한 꼬인 오해부터 풀어라

정신의학자 어니스트 베커Ernest Becker는 저서 《정신의학 혁명Revolution in Psychiatry》에서 우울증을 "자신의 인식 안에서는 새로운 대안을 찾을 수 없는 상태"라고 해석했습니다. 불화를 겪을 때 우리가 괴로운 이유 역시 대안이 없어 보이기 때문이죠. 배우자는 구제불능이고 도저히 나아질 기미가 보이지 않으니 말입니다. 그런데 그 생각이 정말 맞을까요?

결혼 전	결혼 후
남자다워 ♥	마초야 -_-
여성스러워 ♥	공주병 말기야 -_-
느긋하고 여유 있어 ♥	게을러 터졌어 -_-
소신 있어 ♥	똥고집이야 -_-
하나를 해도 정확해 ♥	까탈스러워 -_-
긍정적이야 ♥	바보 같아 -_-
알뜰해 ♥	지지리 궁상이야 -_-

잘 생각해보면 상대의 싫은 부분은 한때 상대의 매력이기도 했습니다. 왜 이렇게 생각이 바뀌어버린 걸까요? 인지심리학에서는 우리의 생각에 많은 왜곡이 존재한다고 봅니다. 그래서 이러한 왜곡을 잡아내서 바로잡아준다면 같은 상황에서도 괴로움을 겪지 않을 수 있다고 하죠. 상황을 바꿀 수 없을 때 생각을 바꾸는 겁니다. 이를 심리학 용어로 '인지 재구조화Cognitive Restriction'라고 합니다. 실제로 사이가 좋은 부부라면 웃어넘길 가벼운 일도 불화를 겪는 부부에겐 이혼사유가 될 정도로 실제보다 상황을 더 심각하게 인지합니다. 간단한 예를 들어볼까요?

오랜만에 배우자와 함께 주말여행을 가기로 했습니다. 당일 아침 한창 여행 준비를 하고 있는데 배우자가 회사에 볼일이 생겼다며 황급히 집을 나갑니다. 여러분은 어떤 기분이 드나요? 배우자에게 어떤 행동을 할 건가요? 내가 많은 준비를 했고 기대를 했다는 사실, 상대가 약속을 어겼다는 사실에 당연히 분노해도 되는 상황일까요?

회사에 있는 남편에게 전화를 걸어 화를 내려는 찰나, 친구에게 연락이 왔습니다. 뮤지컬 티켓이 생겼는데 같이 가지 않겠냐면서요. 평소에 엄청 보고 싶었던 배우가 나오는 뮤지컬, 그것도 VIP석입니다. 이제 당신의 기분은 어떨까요?

남편의 태도와 행동은 변한 것이 없는데 남편을 향한 내 반응에는 큰 변화가 있습니다. 인지 재구조화 이론에 따르면 감정과 행동을 결정하는 것은 배우자의 행동이 아니라 그 행동에 부여하는 의미입니다. 같은 일에도 어떤 생각을 하느냐에 따라 전혀 다른 반응을 보이는 것이죠. 갑자기 약속을 취소한 남편을 두고 '혹시 바람을 피우는 게 아닐까?'라고 생각하는 아내는 분노를 뿜어내겠지만 '진짜 급한 일이 생겼나 봐. 힘들겠다'라고 생각하는 아내는 남편에게 힘내라는 문자를 보낼 수 있는 것처럼요. 중요한 것은 바로 우리의 생각과 신념, 믿음을 바꾸는 것입니다. 우리를 둘러싸고 있는 생각의 왜곡을 찾아 이를 바꿔주어야 합니다. 끝으로 우리가 많이 사용하는 왜곡을 소개합니다. 이 중 나는 어디에 해당하는지 한번 살펴보시기 바랍니다.

과잉일반화	한두 개의 사건에 근거해서 일반적인 결론을 내리고 전혀 무관한 상황에도 적용시키는 것.	아버지나 남자친구가 바람을 피웠던 여성이 '모든 남자는 다 바람을 피울 거야'라고 생각하는 것.
선택적 추상	다른 중요한 정보는 무시하고 특정한 일부 정보에만 귀 기울여 전체의 의미를 해석하는 것.	대체로 잘해주는 시어머니가 한 번 지적한 것을 가지고 '우리 시어머니는 날 싫어해' '내가 성에 차지 않으신가 봐'라고 생각하는 것.
지레짐작	충분한 근거 없이 막연하게 느껴지는 감정에 근거해서 결론을 내리는 것.	남편이 직장에서 늦게 오면 '저 인간이 딴짓 하다 온 게 틀림없어'라고 생각하는 것.
흑백논리	사건의 의미를 둘 중 하나로만 해석하는 것.	자신의 이야기에 맞장구를 쳐주지 않았다고 해서 '이 사람은 내 편이 아니야'라고 생각하는 것.
개인화	자신과 무관한 사건을 자신과 관련된 것으로 잘못 해석하는 것.	셔츠를 다림질하는 남편을 보고 '내가 셔츠를 잘 못 다려서 그래'라고 자책하는 것.
과대평가 과소평가	사건이나 환경을 부적절할 정도로 너무 크거나 작게 생각하는 것.	배우자와 다투고 나서 '내 결혼은 실패야. 내 인생은 망했어'라고 생각하는 것.
독심술	자신이 상대의 마음을 안다고 생각하는 것.	아내가 "오늘 몇 시에 퇴근해?"라고 물으면 '일찍 들어오라는 소리군'이라고 단정 짓는 것.

마음 알기

1. 나는 불화를 어떻게 바라보고 있는가?

   ....
   ....

2. 내가 싫어하는 상대의 행동과 그것을 바라보는 나의 생각은 무엇인가? 그로 인해 나는 어떤 정서적·행동적 반응을 보이는가?

배우자의 싫은 행동	내 생각의 틀	나의 반응
예) 남편이 술을 마시는 것	예) 술을 마시지 않는 남편이 행복한 가정을 만들 수 있다.	예) 불안
예) 아내가 주문한 택배가 쌓여 있는 것	예) 아내는 내가 아니라 내 돈을 사랑하는 것이다.	예) 분노

3. 내가 주로 사용하는 인지적 왜곡은 무엇인가?

   ....
   ....

통제할 수 있는 것과 없는 것 구분하기

마지막으로 이런 분들을 위한 이야기를 하며 이 책을 마무리할까 합니다. 앞서 어떻게 생각하느냐에 따라 같은 상황을 다르게 볼 수 있다고 했지요. 왜곡된 믿음을 바꾸는 인지행동치료는 지금까지도 심리적 문제에 가장 많이 쓰이는 효과적인 치료법입니다. 그렇지만 이 방법이 언제나 통하는 것은 아닙니다. 한계가 있기도 하고요. 생각을 바꾸는 것이 늘 가능한 건 아니니까요.

배우자의 외도 장면을 목격한 사람이 '에잇, 잊어버리자!' 한다고 해서 잊을 수 있을까요? 아무리 애를 써도 악몽 같은 생각의 덫에 계속 갇히고 말 겁니다. 상상력까지 더해져 괴로움은 더욱 깊어지겠죠. 배우자가 의심될 때도 마찬가지입니다. '아니야. 의

심하지 말자' 하고 아무리 생각을 바꾸어보려 해도 잘 되지 않습니다. 그럴수록 의심이 증폭돼서 결국은 크게 싸우게 됩니다. 이렇듯 어떤 생각을 밀어내려 하면 할수록 더 골똘히 빠지는 경험, 다들 해보셨을 거예요. 불화의 고리에 빠진 부부들 역시 생각을 바꿔보려 애를 써도 고통에서 쉽게 헤어나지 못하죠.

최근의 심리학 이론들은 이러한 인지행동치료의 한계를 인식하고 있습니다. 생각을 억제하는 것이 효과가 없을뿐더러 오히려 부정적 효과를 낳는다는 연구 결과가 계속 발표되고 있습니다. 그 대안으로 연구되는 심리치료들이 꽤 많이 등장했는데, 여기서는 심리학자인 스티븐 헤이스Steven Hayes가 발전시킨 '수용전념치료acceptance commitment therapy, ACT'에 대해 간단히 알아보며 혼자서도 불화를 극복하는 힘을 만들어보겠습니다.

삶에서 고통스러운 경험을 마주할 때 사람은 위기를 느낍니다. 그 고통에서 벗어나려고 애를 쓸수록 더 괴로워지죠. 고통에는 실재의 고통과 부재의 고통 두 가지가 있습니다. 실재의 고통은 우리가 제발 없어졌으면 하고 바라는, 실제로 존재하는 문제들로 인한 고통입니다. 실재의 고통은 노력 여부와 관계없이 삶에서 계속해서 등장합니다.

반면 부재의 고통은 실재의 고통을 회피함으로써 생기는 고통입니다. 예를 들어 배우자의 외도로 인한 고통은 실재의 고통이죠. 그러나 그로 인해 타인을 믿지 못하게 되어 진정한 인간관계를 맺지 못한다면 그것은 부재의 고통입니다. 중요한 것은 실재의 고통을 차단하려고 애를 쓸수록 부재의 고통으로 고통스러워진다는 사실입니다.

고통 × 저항 = 괴로움

불편한 경험과 감정 자체는 문제가 아닙니다. 회피나 통제를 통해 이에 저항하려는 것이 문제죠. 저항하려 하면 할수록 괴로움은 커져갑니다. 곱셈의 법칙은 이 고통과 저항의 공식에도 그대로 적용됩니다. 1의 고통에 100의 저항을 한다면 괴로움은 100이 되지만 100의 고통일지라도 저항이 0이라면 괴로움은 0이 됩니다. 모든 인간은 고통으로부터 자유롭지 않습니다. 초점을 맞추어야 할 것은 고통의 내용이 아니라 고통 속에서도 얼마든지 원하는 삶이 가능하다는 믿음입니다. 다만 이는 고통을 기꺼이 받아들일 때 가능합니다. 이를 '심리적 유연성psychological flexibility'이라고 하는데요, 불편한 생각과 감정, 기억을 안고도 원하는 삶을 살 수 있는 능력을 뜻하지요. 심리적 유연성을 높이기 위해서는 먼저 스스로 통제할 수 있는 것과 없는 것을 구별하는 능력이 필요합니다.

내가 통제할 수 없는 것	내가 통제할 수 있는 것
• 배우자의 생각과 행동	• 배우자에게 반응하는 나의 방식
• 배우자가 나를 사랑해주는 것	• 내가 말하고 행동하는 것
• 내 신경이 곤두서는 것	• 내가 원하는 삶의 가치와 방향
• 특정 상황에서 내가 느끼는 감정	• 걱정과 불안을 느낄 때 내가 하는 행동
• 때때로 드는 걱정과 불안	• 나의 선택
수용	전념

배우자의 생각과 행동은 내가 통제할 수 없지만 그에 대한 나의 반응은 통제할 수 있습니다. 때때로 드는 걱정과 불안 역시 통제하기가 어렵죠. 그러나 걱정과 불안을 느낄 때 하는 행동은 통제할 수 있습니다. 이를 잘 구분해서 통제할 수 없는 것들은 수용하고 변화시킬 수 있는 것은 바꾸려는 노력이 수용전념치료입니다. 먼저 삶에서 피할 수 없는 고통을 내 삶을 일부로 기꺼이 받아들이는 수용의 자세가 필요합니다. 수용과 더불어 삶을 더 충만하게 만드는 전념 행동을 할 때 우리는 고통 속에서도 원하는 삶을 살아갈 수 있습니다.

그럭저럭 불화를 껴안고 잘 사는 것

수용전념치료의 핵심 개념은 크게 세 가지입니다.

1. 고통에 마음을 여는 과정
2. 내 존재가치를 확장하고 중심을 잡는 과정
3. 삶을 향해 나아가는 과정

각각의 과정에 대해 간단히 살펴보겠습니다.

1 고통에 마음을 여는 과정

첫 번째 단계는 수용입니다. 고통에 저항할 때 괴로움이 생긴다고 했습니다. 저항에 대한 새로운 대안은 바로 수용입니다. 있는 그대로의 경험을 겪어내는 것이죠. 부정적인 경험은 거부하고 싶겠지만 이것들을 온전히 받아들일 때 상황을 변화시킬 힘을 얻게 됩니다.

흔히 체념과 수용을 혼동하는데, 남편에게 맞으면서 참고 사는 것은 수용이 아닌 체념입니다. 경험이 자신을 지배하도록 내버려두는 것이 체념인 반면 수용은 내가 먼저 적극적으로 경험을 받아들이는 것입니다. 고통을 왜곡해서 좋게 느끼라는 것이 아닙니다. 고통을 대하는 새로운 방식을 배워서 고통과 나의 관계를 변화시키자는 것이죠.

두 번째는 인지적 탈융합인데요, 융합은 생각과 현실을 혼동하는 것을 뜻합니다. 불행한 결혼생활로 말미암아 '나는 불행한 사람이야'라는 생각을 한다고 칩시다. 생각은 곧 현실과 융합해 실제 스스로를 불행하다고 여기게 됩니다. 그러나 그것은 생각일 뿐이에요. 마치 '나는 코끼리야. 나는 코끼리야' 하고 아무리 생각해봤자 실제 나는 코끼리가 되지 않는 것처럼 말이죠. 불행한 순간을 겪었다고 해서 영원히 불행한 것은 아닌데, 우리는 이를 착각하고 '나는 불행한 사람'이라는 프레임에 스스로를 가두어버립니다. 이러한 생각과 현실을 구분하는 것이 바로 탈융합입니다.

탈융합을 기르는 좋은 방법은 '나는 생각을 하고 있다' 연습입니다. 어떤 생각이 떠오르면 "나는 ㅇㅇㅇ라는 생각을 가지고 있어." "나는 내가 ㅇㅇㅇ라는 생각을 하고 있는 걸 알아" 하고 말하는 겁니다. 불안한 생각이 들 때 '아, 너무 불안해'라고 생각하는 것이 아니라 "나는 지금 불안한 생각을 하고 있구나" "나는 내가 지금 불안한 생각을 하고 있다는 걸 알아" 하고 말하는 것이죠.

이렇게 연습함으로써 생각과 현실 사이에 작은 틈을 만들 수 있고, 이 틈에서 탈융합을 할 수 있습니다.

2 내 존재가치를 확장하고 중심을 잡는 과정

고통을 수용하고 가치 있는 길로 나아가기란 쉬운 여정이 아닙니다. 장애물은 끊임없이 나타날 것이고 포기하고 싶은 마음도 불쑥불쑥 들 테니까요. 이때 흔들리지 않고 포기하지 않도록 중심을 잡아주는 일이 필요하겠죠.

첫째, 우선 현재에 집중하세요. 우리가 흔들리는 가장 큰 이유 중 하나는 현재가 아닌 과거나 미래에 집착하기 때문입니다. 과거 경험에 얽매여 있거나 미래 걱정을 하면서 대부분의 시간을 보내는 겁니다. 이렇게 되면 우리의 삶은 앞으로 나아가기가 어렵겠죠. 선뜻 잘 이해되지 않는다면 생각을 버스라고 가정하고 버스정류장에 서 있는 상상을 해보세요. 현재에 집중한다는 것은 정류장에 서서 과거행 버스, 미래행 버스에 타지 않고 그저 바라보는 것입니다. 과거행이나 미래행 버스에 올라타는 순간 우리는 과거나 미래로 끌려가게 되므로 현재에 집중할 수 없습니다.

부정적인 생각을 통제할 수는 없지만, 그 생각에 끌려갈지 "또 왔구나. 안녕, 잘 가" 하고 떠나보낼지는 부정적인 생각과 어떤 관계를 맺느냐에 따라 결정됩니다. 그 일은 오직 현재에서만 할 수 있고요. 지금 이 순간에 충실해야 하는 이유입니다.

둘째, 내 존재가치를 확장하세요. 스스로 만들어낸 이야기에 파묻혀 살아가는 사람들이 있습니다. '나는 전업주부'라고 자신을 한정 짓거나 이혼을 했다고 해서 '나는 실패자'라고 규정하는 것처럼요. 물론 나는 전업주부이고 결혼에 실패했을 수 있지만 그것이 나의 전부는 아니잖아요? 어디까지나 나의 일부일 뿐이죠. 따라서 내 존재가치를 확장하는 것이 필요합니다.

나라는 존재는 지금 이 순간에도 끊임없이 변하고 있습니다. 마치 구름처럼요. 구름은 시시각각 변화합니다. 솜사탕처럼 예쁜 구름이었다가 갑자기 먹구름이 되기도 하죠. 그러나 우리는 구름이 아닙니다. 존재가치를 확장한다는 것은 우리가 그 모든 구름을 담고 있는 하늘과 같은 존재라는 것을 깨우치는 일입니다. 실수든 성공이든 과거의 일로 나를 정의할 수 없습니다.

3 삶을 향해 나아가는 과정

고통을 수용하는 것은 중요하지만 내 삶의 가치에 따라 앞으로 나아가는 것도 필요합니다. 삶의 목표와 삶의 가치는 다릅니다. 목표는 가치의 방향을 따라가면서 도달해야 하는 지점입니다. 그래서 가치 없이 목표만을 위해 살아가다 보면 목표를 달성한 이후 공허감을 느끼게 되죠. 삶의 가치로 삼는 것이 없다면 타인의 말 한마디 같은 외부의 작은 자극에도 쉽사리 흔들립니다. 그때마다 상황을 모면하기 위한 임시방편적인 행동만 하게 되죠. 불화의 고통 속에서도 원하는 삶을 살고 싶다면 내 삶의 가치를 찾아야 합니다.

그러나 가치를 찾았다고 해도 행동하지 않으면 아무런 소용이 없죠. 등대의 불빛이 아무리 반짝인다 한들 내가 움직이지 않으면 원하는 곳에 결코 도달할 수 없는 것처럼요. 힘들어도 노를 저어야 앞으로 나아갈 수 있습니다. 이 노젓기를 '전념행동'이라고 합니다. 우리는 흔히 고통이 줄어들고 나서야 원하는 삶을 살 수 있다고 생각합니다. 불화를 겪는 부부는 이혼을 해서라도 불화를 해결하고 나서야 사람 사는 것처럼 살 수 있다고 생각하죠. 그러나 이는 고통이 줄어들기를 바라면서 원하는 삶을 유보하는 것과 마찬가지입니다. 우리는 얼마든지 고통에도 불구하고 가치의 방향에 따라 앞으로 한걸음씩 나아가는 선택을 할 수 있습니다. 배우자의 부족한 점을 보며 '내가 왜 이런 결혼을 했을까?'라는 생각이 들어도 '그래, 내가 선택한 사람이지' 하면서 관계를 위해 공부해보는 것도 바로 전념행동 중 하나가 되겠지요.

결혼을 통해 성장하는 삶을 만들다

위 과정들은 서로 영향을 주고받으며 성장하는 삶으로 우리를 안내하는데, 아마 많은 이들이 삶의 가치를 찾는 데에서 막막함을 느낄 겁니다. 그런데 삶의 가치로 안내해주는 것이 다름 아닌 고통이라면 믿으시겠어요? 무언가가 고통스럽다는 것은 우리가 그만큼 신경을 많이 쓰고 있다는 것입니다. 불화가 고통스러운 것은 내가 그만큼 부부관계에 가치를 두고 있기 때문입니다. 다시 말해 고통이 있는 곳에 가치가 있는 거죠. 그러니 고통 없는 삶을 살려고 할수록 우리의 삶은 가치로부터 멀어지는 것입니다.

많은 사람들이 결혼의 가치를 행복에 두고 살아갑니다. 행복하기만 한 결혼이 과연 존재할까요? 톨스토이는 《안나 카레니나》에서 성장하는 사랑과 삶에 가치에 대해 이야기합니다. 줄거리를 간단히 살펴보겠습니다.

안나는 잘나가는 고위관료의 부인이지만 결혼생활은 무미건조했어요. 그러던 중 안나는 오빠가 가정교사와 바람이 나서 집안이 난리 났다는 소식을 듣고 부랴부랴 모스크바행 기차를 탑니다. 그리고 기차역에서 젊고 잘생긴 브론스키를 만납니다. 브론스키에게도 약혼자가 있었지만 안나와 걷잡을 수 없는 사랑에 빠지고 맙니다. 안나는 결국 남편, 아들, 사회적 지위를 모두 버리고 브론스키와의 사랑을 택하며 집을 떠납니다.

여러분, 안나는 과연 행복을 찾았을까요? 둘은 동거를 시작하고 불같은 사랑을 하며 행복의 절정에 이릅니다. 그러나 행복도 잠시뿐 안나는 브론스키의 사랑이 식을까 봐 전전긍긍하게 되는데, 실제로 브론스키의 사랑은 식어갑니다. 결국 안나는 질투와 증오, 원망과 분노에 휩싸이게 되지요. 지독하게 불행했던 안나는 브론스키를 처음 만났던 기차역 철로에 몸을 던져 스스로 생을 마감합니다.

톨스토이가 이 방대한 소설을 통해 전달하는 메시지가 불륜의 비참한 말로, 단지 그뿐이었을까요? 그렇다면 이 책이 이렇게까지 시대를 초월해 감동을 주지는 못했을 겁니다. 톨스토이가 이 책에서 말하려고 했던 것은 불륜이 아니라 삶 그 자체였습니다. 삶의 가치 말입니다.

톨스토이가 말하는 사랑과 삶의 가치는 바로 성장입니다. 성장하지 않는 삶이 웅덩이에 고인 물처럼 썩어가듯이 사랑과 결혼 역시 마찬가지입니다. 성장하는 과정에서 의미를 찾을 수 있는 것이죠. 대체 성장이란 무엇일까요. 고려대학교 노어노문학과 석영중 교수는 '톨스토이, 성장을 말하다'라는 주제의 강연에서 톨스토이가 말한 성장의 단계를 아래와 같이 해석했습니다.

- 몰입을 통해 나를 알아가는 것.
- 소통을 통해 타인을 이해하고 공감하는 것.
- 죽음을 기억하고 나와 세계의 관계를 올바르게 정립하는 것.

이 강의 주제를 '결혼, 성장을 말하다'라고 바꿔도 얼마든지 통합니다. 위의 세 가지도 결혼과 사랑에 얼마든지 적용할 수 있지요. 결혼과 사랑도 내가 성장하는 한 부분이자 과정입니다. '결혼=행복'이라는 프레임만 고집한다면 불화가 닥치는 순간 내 삶은 무너질 수밖에 없습니다. 결혼을 행복이 아닌 성장의 관점으로 볼 때 비로소 불화를 극복할 힘을 기를 수 있습니다. 물론 이

것을 깨달아도 당장 내일 우리는 일상에서 수많은 갈등 속에 놓이게 되겠죠. 여전히 배우자에게 짜증을 내고 아이들을 혼내고 후회하는 일상이 반복되겠죠. 괜찮습니다. 그 또한 성장의 과정이니까요.

우리 주변에는 수많은 안나와 브론스키가 있습니다. 많은 이들이 묻습니다.

"이렇게 공부한다고 과연 부부관계가 좋아질까요? 부질없는 짓 아닐까요?"

그럴 수도 있고 아닐 수도 있겠죠. 쉬운 일은 아닙니다. 설령 지금 좋다 해도 언제까지나 그 관계가 지속된다는 보장이 있을까요? 우리 앞에 놓인 수많은 불확실성 속에서 분명한 사실은 삶은 계속된다는 것이고 삶에서 성장은 실존 그 자체라는 것이지요. 어리석은 행동, 깨져버린 신뢰, 금이 가버린 관계를 없던 일로 만들 수는 없습니다. 그럼에도 어떠한 결과가 아닌 성장을 위한 노력 그 자체에 인생의 의미가 있다는 것을 깨닫는다면 어려움 속에서도 원하는 삶을 만들어가고 있는 스스로를 발견할 수 있을 겁니다.

더 알고 싶은 독자를 위하여

정서중심 부부치료
《날 꼬옥 안아줘요》, 수전 M. 존슨 지음, 박성덕 옮김, 이너북스, 2010.
《우리, 다시 좋아질 수 있을까》, 박성덕 지음, 지식채널, 2011.
《우리는 사랑에 대해 얼마나 알고 있을까》, 수잔 존슨 지음, 박성덕·김성은 옮김, 지식너머, 2015.
《정서중심적 부부치료 : 이론과 실제》, 박성덕 지음, 학지사, 2008.

나와 배우자의 상처
《연애할 땐 YES, 결혼하면 NO가 되는 이유》, 하빌 헨드릭스 지음, 서민아 옮김, 프리미엄북스, 2004.
《이마고 부부관계 치료 : 이론과 실제》, 릭 브라운 지음, 오제은 옮김, 학지사, 2009.
《상처받은 내면아이 치유》, 존 브래드쇼 지음, 오제은 옮김, 학지사, 2004.

배우자와 소통하는데 필요한 기술
《가트맨의 부부 감정치유》, 낸 실버·존 가트맨 지음, 최성애 옮김, 조벽 감수, 을유문화사, 2014.
《사랑의 과학》, 존 가트맨 지음, 서영조 옮김, 최성애·조벽 감수, 해냄, 2018.
《행복한 결혼을 위한 7원칙》, 존 가트맨·낸 실버 지음, 노동욱·박윤영 옮김, 문학사상, 2017.
《5가지 사랑의 언어》, 게리 채프먼 지음, 장동숙·황을호 옮김, 생명의말씀사, 2010.

독이 되는 양가 부모로 부터 벗어나는 길
《독이 되는 부모》, 수잔 포워드 지음, 김형섭 옮김, 푸른육아, 2008.
《좋은 부모의 시작은 자기 치유다》, 비벌리 엔젤 지음, 조수진 옮김, 책으로여는세상, 2009.
《시월드에서 쿨한 여자로 살겠다》, 수잔 포워드 지음, 조재범 옮김, 영림카디널, 2018.
《부모의 양육태도와 아동의 성격장애》, 남명자 지음, 학지사, 2006.

비폭력 대화
《비폭력대화》, 마셜 로젠버그 지음, 캐서린 한 옮김, 한국NVC센터, 2017.

감정조절
《정서조절 코칭북》, 이지영 지음, 박영스토리, 2017.
《부부를 위한 인지치료》, 프랭크 M. 다틸로·크리스틴 A. 페데스키 지음, 곽욱환·김영란·김윤정·남주영·박영애·조정혜 옮김, 학지사, 2010.
《8주 마음챙김(MBCT) 워크북》, 마크 윌리엄스 지음, 안희영 옮김, 불광출판사, 2017.
《처음 만나는 마음챙김 명상》, 존 카밧진 지음, 안희영 옮김, 불광출판사, 2012.
《마음챙김》, 대니얼 골먼 등 지음, 김효원 옮김, 21세기북스, 2018.

성인애착
《그들이 그렇게 연애하는 까닭》, 아미르 레빈·레이첼 헬러 지음, 이후경 옮김, 랜덤하우스코리아, 2011.
《애착 수업》, 오카다 다카시 지음, 이정환 옮김, 푸른숲, 2017.
《애착이론 BASIC》, 유중근 지음, MCInstitute, 2018.
《애착과 심리치료》, 데이비드 J. 월린 지음, 김진숙·이지연·윤숙경 옮김, 학지사, 2010.

부부심리
《우리 부부 어디서 잘못된 걸까?》 1, 2, 이병준 지음, 영진닷컴, 2016.
《부부, 심리학에게 길을 묻다》, 케빈 리먼 지음, 박선령 옮김, 느낌이있는책, 2010.
《부부문제와 부부상담》, 최규련 지음, 신정, 2015.

가족관계
《가족심리백과》, 송형석 지음, 시공사, 2016.
《가족의 두 얼굴》, 최광현 지음, 부키, 2012.

대인 관계
《관계를 읽는 시간》, 문요한 지음, 더퀘스트, 2018.
《인간관계 심리학》, 김종운 지음, 학지사, 2017.

수용전념치료
《꼭 알고 싶은 수용-전념 치료의 모든 것》, 이선영 지음, 소울메이트, 2017.

요즘 부부를 위한 신디의 관계 수업

초판 발행 · 2019년 4월 15일
개정판 발행 · 2022년 2월 10일
개정판 5쇄 발행 · 2025년 2월 19일

지은이 · 신동인(신디)
발행인 · 이종원
발행처 · (주)도서출판 길벗
브랜드 · 더퀘스트
출판사 등록일 · 1990년 12월 24일
주소 · 서울시 마포구 월드컵로 10길 56(서교동)
대표전화 · 02)332-0931 | **팩스** · 02)323-0586
홈페이지 · www.gilbut.co.kr | **이메일** · gilbut@gilbut.co.kr
대량구매 및 납품 문의 · 02) 330-9708

기획 및 책임편집 · 허윤정(rosebud@gilbut.co.kr) | **제작** · 이준호, 손일순, 이진혁 | **디자인** · 박상희
마케팅 · 한준희(영업), 김선영(웹마케팅) | **영업관리** · 김명자 | **독자지원** · 윤정아, 홍혜진

일러스트 · 커피콩(ssanga529@naver.com) | **전산편집** · 이은경
CTP 출력 및 인쇄 · 예림인쇄 | **제본** · 예림바인딩

- 더퀘스트는 (주)도서출판 길벗의 인문교양 · 비즈니스 단행본 브랜드입니다.
- 잘못 만든 책은 구입한 서점에서 바꿔 드립니다.
- 이 책에 실린 모든 내용, 디자인, 이미지, 편집 구성의 저작권은 (주)도서출판 길벗(더퀘스트)과 지은이에게 있습니다.
  허락 없이 복제하거나 다른 매체에 실을 수 없습니다.

ISBN 979-11-6521-859-1 03180
(길벗 도서번호 040213)

값 16,000원

독자의 1초까지 아껴주는 정성 길벗출판사

(주)도서출판 길벗 | IT실용, IT/일반 수험서, 경제경영, 취미실용, 인문교양(더퀘스트) **www.gilbut.co.kr**
길벗이지톡 | 어학단행본, 어학수험서 **www.gilbut.co.kr**
길벗스쿨 | 국어학습, 수학학습, 어린이교양, 주니어 어학학습, 교과서 **www.gilbutschool.co.kr**

페이스북 **www.facebook.com/thequestzigy**

네이버 포스트 **post.naver.com/thequestbook**